SECOND

SIÉGE DE PARIS

A mon Confrère et Ami

PAUL COURTY

SECOND

SIÉGE DE PARIS

LE COMITÉ CENTRAL ET LA COMMUNE

JOURNAL ANECDOTIQUE

PAR

LUDOVIC HANS

Rédacteur de l'*Opinion nationale*

PARIS

ALPHONSE LEMERRE, ÉDITEUR

47, PASSAGE CHOISEUL, 47

M DCCC LXXI

AVANT-PROPOS.

J'écrirais hardiment, sur la première de ces pages, la fière devise de Montaigne : *Ceci est un livre de bonne foy*, si ceci était un livre.

Mais je n'ai d'autre prétention que de grouper les impressions et les faits qui me paraîtront devoir intéresser davantage ceux qui étaient loin de Paris pendant ces déplorables jours.

J'ai remarqué, dès ce temps, en causant avec ceux qui venaient du dehors, que le passage de la porte Maillot équivalait à un véritable changement d'atmosphère. Ceci fut surtout vrai de la période assez longue pendant laquelle Paris fut loin de soupçonner le sinistre dénoûment de la coupable aventure du 18 mars.

Nul ne peut se vanter d'avoir échappé à ce

qu'avait d'artificiel et de malsain l'air qu'on y respirait alors; on eût dit de l'oxygène pur, tant les poumons en étaient brûlés.

Il est bon de noter ce que ressentaient, pendant cette cruelle expérience, les êtres paisibles qui aiment, tout à la fois, la patrie, l'ordre et la République, ces bourgeois de la grande ville si mal à propos calomniés. Ce malentendu profond doit du moins cesser devant l'histoire.

Ces pages furent écrites au courant des événements, sous leur impression immédiate, et alors que la lutte n'était pas terminée. On ne saurait donc m'accuser d'avoir flatté les vainqueurs. Je désespère d'avoir conté tout ce qui fut fait de fou, d'illégal et de grotesque, mais je suis sûr de n'avoir rien tû de ce qui fut révélé de vitalité et d'énergie.

Plus tard, je n'aurais certes pas eu le courage de les écrire. — Devant tant de ruines, il n'est d'autre sentiment possible que la douleur et l'indignation.

30 mai 1871.

L. H.

SECOND
SIÉGE DE PARIS

CHAPITRE PREMIER.

POURQUOI LES UNS FIRENT ET LES AUTRES LAISSÈRENT FAIRE.

Ceux que l'insurrection du 18 mars a surpris ont, à vrai dire, de l'étonnement à revendre. Elle s'est accomplie en vertu de deux lois de la mécanique qui ont leur équivalent dans l'ordre moral : la *vitesse acquise* d'une part, l'*inertie* de l'autre.

Tout le monde sait qu'un corps continue de se mouvoir un certain temps après que la force qui l'avait mis en branle est supprimée. Ainsi une masse humaine qu'un grand sentiment a soulevée. Vitesse acquise pour tous deux.

Durant les six mois du premier siége, le gouvernement de la Défense semblait avoir pris à tâche de surexciter les nerfs de Paris. Il y avait réussi mieux qu'au reste. Les oreilles encore vibrantes de ses proclamations sonores, les hommes ne pouvaient entendre le tambour sans courir à leur fusil, enfiévrés de patriotisme inutile et d'espérances sans but. Ceux-là seulement qui ont vécu la vie d'angoisses du blocus prussien, soutenus par la certitude de la délivrance promise, savent ce que Paris avait emmagasiné d'héroïsme et peuvent mesurer l'étendue de sa déception. Il avait si bien cru à ceux qui escomptaient, au profit de leur popularité, une victoire impossible ! Personne ne songera à lui reprocher d'avoir été alors confiant à l'aveugle. Là cependant fut une des sources du mal.

Une partie de la population avait contracté tout ensemble des besoins militaires et des habitudes d'obéissance. Les premiers venus pouvaient imposer leur commandement à cette foule inconsciente et armée, pourvu qu'ils la fissent battre et lui promissent une revanche de la capitulation. Il y eut dans cette poignée d'intrigants qui s'appela *Comité central* un homme intelligent (il est devenu embarrassant de découvrir lequel) qui comprit cela. Du même jour, un tiers de la garde nationale fut dans sa main, docile comme une force matérielle, ardent comme un être animé. L'impulsion était donnée dès longtemps. Il ne s'agissait plus que de diriger, dans un sens déterminé, le jeu de cette effroyable machine humaine.

Le crime et l'habileté de ces hommes furent tout à la fois d'avoir exploité, au profit de leur idéal politique, le plus admirable mouvement patriotique qui fut jamais, et mis froidement au service de leurs théories mal définies l'effort généreux et sanglant d'une masse affolée. Mais, plus désintéressé sans doute, le gouvernement du 4 septembre n'avait pas été moins cruel. Il avait été plus imprévoyant.

On a trop mis en cause la maigre paye que le comité assurait à ses prétoriens. Elle n'était le mobile réel que pour une fraction minime et la moins active, parce que l'ivrognerie et l'abrutissement la rendaient incapable d'aucun service. C'est moins par des moyens de corruption vulgaire qu'il les recruta que par des artifices moraux plus coupables cent fois, exploitant l'ignorance des uns et la faiblesse des autres, jetant un nouveau mot en pâture à ces affamés de dévouement et de sacrifice, leur montrant la *Commune* comme la première étape vers la revanche du pays. Que j'en ai entendu de ces pauvres gens dire tout haut : « Maintenant que nous n'avons plus M. Trochu et que les Prussiens sont encore là, nous allons leur montrer ce que nous sommes ! »

Démence, si vous voulez, mais presque glorieuse. On aura beau faire, les dupes sont encore ce qu'il y a de mieux dans le monde.

Or donc la garde nationale de Paris comptait, pour

le moins, cent mille dupes dans ses rangs, ce que je trouve fort honorable. Ces pauvres dupes étaient toutes lancées. En vertu de la vitesse acquise, elles allèrent fort loin dans le chemin qu'on fit à leur course, fauchées par-ci, mitraillées par-là, de bonne humeur d'ailleurs et plus dupes que jamais.

Mais la milice citoyenne, au grand détriment de l'innocence sociale peut-être, ne se compose pas de ce seul élément. A côté des poëtes, elle compte trois cent mille calculateurs féroces, honnêtes en diable et pour la plupart républicains. Ceux-là, tout comme les autres, ont marché contre l'ennemi commun et laissé des leurs le long des murs funèbres de Buzenval. Il ne faut rien moins que l'invasion étrangère pour leur faire préférer la vie des camps à celle de la famille, quel que soit l'agresseur. Cependant ils sont prêts à défendre leur foyer, pourvu qu'ils n'y voient pas de marrons qu'on cherche à leur faire tirer du feu. Leur grande prétention est de ne pas se laisser exploiter. La même cause produit des effets contraires chez les natures opposées. Ceux-là qui se reprochaient amèrement d'avoir cru au débloquement de Paris et au plan déposé chez un notaire se méfièrent tout d'abord d'un gouvernement qui ne marchandait pas l'admiration au général Trochu. Une force d'*inertie* incalculable se développa chez eux, mi-partie scepticisme et mi-partie lassitude. Ils n'avaient plus envie de se battre et se sentaient insuffisamment commandés. (L'amiral Saisset se chargea de leur prouver le 23 mars qu'ils ne l'étaient pas du tout.) Se sachant ruinés d'ailleurs par la loi Dufaure sur les échéances, ils sentaient s'écrouler le terrain qu'ils avaient laborieusement élevé sous leurs pas, et les différences sociales aplanies. L'émeute avait perdu pour eux beaucoup de son horreur, l'avenir n'ayant plus rien à menacer. Ils la voyaient d'un œil indifférent renverser une assemblée indifférente à leurs intérêts.

Il convient d'ailleurs de l'affirmer : une fraternité assurément respectable, car elle a eu pour principe le péril commun, rendait la lutte à peu près impossible entre les deux parties de la garde nationale mises en présence par le mouvement du 18 mars. Un fait nouveau venait de resserrer ces liens. La garde nationale avait dû pourvoir elle-même à la conservation de son armement, stipulée par le traité avec la Prusse, et qu'un oubli dédaigneux du gouvernement avait failli compromettre.

Ainsi, du côté dit *de l'ordre,* lassitude profonde causée par la déception de la capitulation ; là, le grand mouvement de la défense était mort.

Pour en produire un nouveau, il eût fallu un moteur plus énergique, moins hétérogène que le pouvoir de Bordeaux, peu sympathique à Paris et qui semblait le fuir.

En vertu de la loi d'inertie qui s'oppose à ce qu'une masse se mette d'elle-même en mouvement, ceux-là devaient donc laisser faire.

Comme en vertu de la vitesse acquise, les autres devaient faire fatalement.

CHAPITRE II.

COMMENT SE MANQUENT LES COUPS DE MAIN.

(18 mars — 21 mars.)

Il y avait près d'un mois que la garde nationale était condamnée à garder ses canons sur les buttes Chaumont et sur les buttes Montmartre. L'ennui et le désert commençaient à se faire autour de cette artillerie inutile. Les railleries ne lui faisaient pas défaut et j'ai entendu, à cette époque, de mauvais plaisants prétendre que c'était le notaire du général Trochu qui poursuivait inexorablement le plan de son illustre client, par ces fortifications tardives. Le fait est que huit jours encore, et les gardiens de ces reliques patriotiques allaient demander pour elles au gouvernement l'hospitalité du musée de Cluny.

Le gouvernement manqua de patience. Paris s'éveilla le 18 mars par un jour brumeux pour lire la proclamation plus brumeuse encore qui engageait, suivant l'usage, les bons citoyens à se séparer des mauvais. Si les bons citoyens étaient, uniquement dans la pensée des rédacteurs de l'affiche, ceux qui gardaient les canons, il faut convenir que Paris est une ville joliment bien composée.

Car ils étaient au juste quinze factionnaires à Montmartre et dix-sept aux buttes Chaumont, quand, à quatre heures du matin, les troupes s'étaient présentées pour reprendre les pièces.

Il n'y avait pas eu de combat, et à huit heures il semblait que tout se fût effectué suivant les vœux du pouvoir. Les boulevards extérieurs étaient vides. Quelques soldats y piétinaient frileusement à l'entrée des rues. Çà et là, une pièce à âme lisse qui semblait n'avoir pas servi depuis la prise d'Alger, morne et sans artilleurs à l'affût, menaçait une avenue solitaire. On eût dit qu'un poste venait d'en relever un autre. Voilà tout.

On battait cependant le rappel sur les hauteurs, mais on y répondait à peine à Montmartre et à la Villette. Admirable effet des affiches officielles qui partagent toujours les citoyens en bons et en mauvais (la Commune n'y a pas plus manqué que les autres!) Quand on entend maintenant le rappel à Paris, tout le monde reste chez soi, estimant que ce sont les mauvais citoyens qui le font battre. A les compter ainsi, les tambours seuls seraient de mauvais citoyens.

L'intérieur de Paris était absolument calme. Les boutiquiers, que les souvenirs militaires importunent justement, se félicitaient qu'on mît fin au jeu de soldats que jouaient, depuis trois semaines, les faubouriens. On admirait comment les canons avaient pu traverser la ville sans faire plus de bruit. On se demandait aussi où le gouvernement les avait transportés.

Le fait est qu'on ne les avait pas enlevés.

Ceci est à peu près stupéfiant. Sauf quelques pièces parquées dans le jardin de la Place-Royale et que les gardes nationaux, redoutant un coup de main, avaient transportées la veille au soir et cachées rue Keller, tous les canons avaient été pris sans coup férir par les troupes. Sur tous les points, ils étaient pris à cinq heures du matin, alors que Paris entier, ville et faubourgs, dormait. A huit heures, sauf à Belleville où la résistance s'était rapidement organisée, personne encore ne les disputait aux soldats. Est-ce faute de chevaux? est-ce manque d'ordres? est-ce fantaisie insensée de narguer l'irritation populaire? est-ce trahison de la troupe vendue d'avance au Comité central? Ce qui est certain, c'est que les canons demeurèrent en place jusqu'au moment où il devint impossible de les enlever. Mieux que cela, l'artillerie fédérée s'accrut alors d'un certain nombre de pièces abandonnées par l'armée, notamment rue d'Allemagne, où une batterie fut capturée.

Je l'ai déjà dit, c'est l'imprévoyance absolue qui parut présider à cette opération qui désarma, à Paris, ce qu'on est convenu d'appeler le parti de l'ordre. La guerre avec la Prusse venait de démontrer que le bon droit ne vaut qu'avec quelque habileté à son service. Rien de sanglant d'ailleurs n'avait donné à cette matinée l'aspect insurrectionnel qui épouvante surtout la bourgeoisie. Le 4 septembre avait donné l'exemple d'une révolution absolument pacifique qu'on crut simplement entrée dans une phase nouvelle. On ne mesura pas tout d'abord la portée de cet échec des troupes régulières en partie passées à l'insurrection, non pas échec à leur courage, mais échec à leur honneur. Car, à quelque parti qu'on appartienne, il n'y a pas deux manières de juger les défections.

Ce fut à quatre heures seulement que le bruit de l'assassinat des généraux Clément Thomas et Lecomte courut par les foules. Une véritable stupeur succéda à une longue incrédulité. Ces soldats qui semblaient avoir levé leurs crosses devant l'émeute, par horreur du sang, venaient de tuer lâchement deux hommes sans défense. M. Lecomte était peu connu, mais Clément Thomas très-populaire. On se racontait avec horreur, dans les groupes, comment des hommes du 81e de ligne les avaient fusillés, sans ordre supérieur, le long d'un mur de la rue des Rosiers, par pure haine de leurs officiers. Car ce fut le caractère du rôle odieux que joua l'armée dans cette affaire : une haine aveugle, féroce, impitoyable contre quiconque avait mission de la commander. On avait trop répété aux soldats que les désastres de la guerre de Prusse étaient dus à l'incapacité de leurs chefs. Il serait temps que la garde nationale s'aperçût que les siens valent, pour la plupart, beaucoup moins encore.

Pour faire diversion, sans doute, à l'impression d'horreur qui se manifestait partout, le Comité central fit afficher, le soir même, les élections communales qu'il fixait au 22, c'est-à-dire à trois jours. Ce fut le procédé constant du Comité central de rédiger des documents administratifs, au moment des plus violentes crises, et de les publier pour distraire le public des spectacles hideux de la guerre civile. Dès qu'il s'apercevait que l'attirail militaire pesait à la foule, il apparaissait comme un législateur en lunettes, très-formaliste, très-doux et bourgeois en diable. Il ne manquait pas non plus d'avertir que sa tâche était finie, dès qu'il sentait qu'elle devenait lourde aux épaules des autres. Il commença, ce jour-là même, cette démission périodique qui lui valut la patience des niais.

Il est vrai que ses membres donnaient peut-être, en réalité, leur démission, mais individuelle; car, du 8 mars où il rédigea sa première proclamation jusqu'au 18, il se transforma tellement que deux seulement des anciens signataires se retrouvaient sur sa seconde affiche.

Paris, oubliant trop vite les sanglantes victimes de la journée, parut s'endormir avec la conviction qu'il venait d'assister à une simple réforme municipale.

Le lendemain était un dimanche. L'illusion parut plus profonde encore. Il faisait un temps superbe et jamais tant de promeneurs n'inondèrent les boulevards dans toute leur longueur. Ce fut comme une promenade automatique. La ville semblait un grand corps, très-bien portant en apparence, mais qu'une respiration mécanique, non pas le souffle sacré de la vie, meut artificiellement. On souriait béatement au soleil, on regardait avec curiosité les écuyers en rupture de cirque dont le nouveau pouvoir avait fait ses aides de camp, garibaldiens de comédie, comparses militaires, maigres voyous, qui, n'ayant jamais enfourché que la chimère de leur faim, se cramponnaient aux crinières de leurs montures. Ces lugubres canailles étaient armées jusqu'aux dents.

Sur l'emplacement des anciens théâtres, après la place du Château-d'Eau, des escamoteurs, des équilibristes et des danseurs de corde opéraient, en plein vent, comme aux jours regrettés du Théâtre-Historique et des Funambules.

C'est là que, la veille, était passé le cercueil de Charles Hugo, se frayant à grand'peine un passage à travers les rues obstruées, salué par une foule tout à coup recueillie, allongeant par des circuits sans fin la route si douloureuse à ceux qui marchent derrière les morts.

Une première tentative de conciliation acheva de rassurer la foule, ce jour-là, sur les suites du mouvement de la veille. Les maires et les députés de Paris avaient fait placarder qu'ils se chargeaient de demander à l'Assemblée de consacrer le principe électif, tant pour la garde nationale que pour la Commune. Il ne s'agissait pas encore d'exiger la reconnaissance de la République. On se croyait toujours uniquement sur le terrain municipal.

Il paraît même qu'on s'y trouvait bien, car Paris eut le soir un aspect singulièrement populeux. J'ai pensé depuis que si tout le monde était ainsi dehors, c'est qu'on n'avait rien de fort gai à méditer chez soi. On annonçait dans les groupes l'arrestation du général Chanzy ; mais personne n'y crut.

Le 20 mars, jour des floraisons hâtives, une nouvelle feuille imprimée poussa sur le marronnier du Comité central. Ce fut à la fois une défense et un panégyrique. Ses membres apprirent au public qu'ils étaient depuis longtemps célèbres par leur obscurité et que deux cent quinze bataillons en marchant à tâtons dans l'ombre épaisse qui enveloppait leurs noms avaient mis le pied dessus. Cette plaisanterie des deux cent quinze bataillons est une des plus formidables qu'on ait imaginées. Pas un ne connaissait le Comité central, à cette époque, que par cette affirmation. C'est comme si M. Perron me prenait à témoin que le meilleur chocolat du monde est le sien, parce que voilà dix ans qu'il le déclare. Le M. Perron du Comité central me paraît avoir été, ce jour-là, M. Assy, à qui j'avais entendu soutenir, dans une réunion publique, la thèse que les inconnus seuls méritent la confiance. Que n'y a-t-il gardé indéfiniment ses droits ?

Ce factum émut fort peu la foule ; mais la garde

nationale remarqua qu'en abdiquant, au point de vue municipal, le Comité entendait garder une action sur elle.

Le lendemain, les chefs des bataillons du 2e arrondissement conféraient et, d'accord avec la mairie, organisaient un noyau de résistance. Le pouvoir régulier ayant échoué dans sa tentative de désarmement et quitté la place, on entrait dans une période nouvelle.

CHAPITRE III.

LA RÉSISTANCE.

(22 mars — 25 mars.)

L'exemple du 2e arrondissement (quartier de la Banque) fut rapidement suivi par le 1er (mairie Saint-Germain-l'Auxerrois). Là aussi, le 22 mars, les chefs de bataillon se réunirent à dix heures du matin. Le programme proposé par la municipalité était simple : conserver la garde des bâtiments (y compris la mairie) appartenant à l'arrondissement, à l'exclusion des troupes appartenant à d'autres quartiers et déjà sous la main du Comité central. Rien de plus légal assurément que cette prétention. Aussi, sur dix bataillons, un seul, le 196e, hésita et finit par acquiescer en partie. Une affiche fut signée par tous les officiers présents, reconnaissant l'Assemblée pour seul pouvoir régulier et proclamant l'indépendance de la garde nationale vis-à-vis du Comité.

La mise en défense des mairies commença de suite. Le quartier de la Banque, comprenant une fraction compacte de Paris et des positions favorables, comme la place de la Bourse, fut bientôt en état. Mais la mairie Saint-Germain-l'Auxerrois, isolée du long boyau qui constitue le 1er arrondissement et dominée par le Louvre que les fédérés occupaient, offrait bien la plus déplorable situation militaire qu'on pût rêver. De plus, les armes y manquaient, et, sur deux pièces qui composaient son artillerie, une n'avait plus de culasse.

On n'en résolut pas moins de s'y défendre et l'on procéda sur l'heure à l'élection d'un chef de légion à qui incomberait la dangereuse responsabilité de ce poste. Le commandant Barré, du 1er bataillon, fut élu à l'unanimité et développa de suite une activité qui donna à tous le courage.

Des relations s'établirent entre les deux arrondissements qui formaient ainsi, au cœur de Paris, un centre de réaction et un foyer de protestations. La situation eût été bonne, n'étaient l'occupation du Louvre et le voisinage de l'hôtel de ville, qui était devenu déjà un parc d'artillerie.

Une activité fiévreuse se développait dans la rue de Rivoli, qui traversait ce milieu de résistance et reliait les deux centres d'action des fédérés : l'hôtel de ville et la place Vendôme. Leurs estafettes la parcouraient à fond de train et sans discontinuer. C'étaient toujours les mêmes cavaliers fantaisistes, en chemise rouge, en chapeau à plume, des façons de Méphistophélès grotesques. Quelques-uns, renonçant au cheval, circulaient en voiture découverte. Tels étaient les deux qui furent arrêtés le soir, portant sur eux l'ordre de garder en prison le général Chanzy. Ces drôles pouvaient avoir vingt ans. Ils étaient vêtus d'uniformes neufs, mais n'avaient pas de chaussettes dans leurs bottes neuves. La poignée de leur épée était enveloppée d'un crêpe et ils portaient une décoration rouge coupée de noir. C'était, il paraît, un signe de ralliement adopté par les nouveaux *hussards de la mort* du Comité. Ces messieurs avaient juré de ne pas faire quartier, mais ils n'entendaient pas qu'on les traitât de même, car, bien qu'ayant au fond de leur voiture de quoi armer une compagnie, ils se rendirent sans résistance. Ils furent à la fois lâches et fanfarons.

Cette capture ne fut pas la seule de la journée. Vers sept heures, les voitures de la manutention qui apportaient des vivres aux gardiens de l'hôtel de ville furent interceptées sur le quai, à la hauteur du Pont-Neuf. On se passa de manger sur la place, mais on y but si terriblement qu'on n'eût pu la traverser le lendemain sans marcher sur un tapis d'ivrognes.

Tout le monde, fédérés et résistants, passa la nuit sur pied.

La longue nuit! je n'oublierai de longtemps l'aspect de la place Saint-Germain-l'Auxerrois durant ces douze heures d'ombre et d'angoisses. Des lumières rares et discrètes circulaient derrière les fenêtres du Louvre, où l'on sentait l'ennemi veiller. Une décharge subite de cette ligne eût étendu tous les défenseurs de la mairie. Une cantinière, une enfant, lasse de verser à boire et d'écouter des sottises, dormait sur un banc, le front sur le bras et assise de travers.

La matinée du lendemain accentua l'inimitié entre les deux partis et la ferme volonté de résistance des dissidents. Les courriers du Comité ne purent plus circuler par la rue de Rivoli sans être arrêtés. L'accord était complet entre les deux arrondissements. On recevait de bonnes nouvelles, de la rive gauche, où les protestations contre le Comité central abondaient. Le lieutenant-colonel de Beaugrand improvisait un état-major au Grand-Hôtel. La nomination de l'amiral Saisset comme commandant en chef de la garde nationale était affichée. MM. Schœlcher et Langlois qui lui étaient adjoints étaient deux choix heureux et sympathiques. Le Comité, comprenant le danger, fit annoncer qu'il remettait au 26 les élections communales, rendues impossibles par l'état belliqueux de la ville.

Un événement terrible sembla devoir lui porter un nouveau coup.

La vérité complète est encore mal connue sur la fusillade de la place Vendôme. Ce qui est parfaitement sûr, c'est que les fédérés ont tiré sur une foule sans armes et donné un pendant sanglant au 2 décembre. Ce fut une chose horrible que la débandade qui emplit soudain les rues avoisinantes. Cris de terreur, cliquetis de boutiques violemment fermées, coureurs éperdus se heurtant aux murs comme des bourdons, une clameur et un pêle-mêle indescriptibles. La Bourse fut déserte en une seconde. Cette odieuse nouvelle affermit dans la résistance les deux arrondissements déjà prêts à la lutte. Un immense cri : Vive l'ordre! vive l'Assemblée ! courut de la Bourse au faubourg Saint-Germain. Les fédérés, qu'on apercevait à distance, étaient hués avec fureur.

C'est à cette heure même que les maires de Paris voyaient échouer leur tentative de conciliation auprès de l'Assemblée, qui ignorait sans doute que le parti de l'ordre était en train de l'acclamer pour la dernière fois, comme un suprême espoir.

Le combat paraissait de plus en plus probable, et la nuit fut encore moins calme que la précédente. L'irritation était au comble le 24 au matin.

Une affiche de l'amiral Saisset, conciliante et ferme à la fois, encourageait la défense. En même temps apparaissaient d'ailleurs deux preuves matérielles de la pénurie du Comité : un nouvel emprunt à la Banque qui deux jours auparavant lui avait avancé 500,000 fr., et une invitation aux employés d'octroi dépositaires de fonds perçus pour le compte de la ville.

A ces dispositions financières le Comité ajoutait trois nominations militaires destinées à battre en brèche celles que l'Assemblée avait faites la veille : les citoyens Brunel, Eudes et Duval étaient nommés généraux, tout comme dans *la Grande-Duchesse*. Ceux-là pouvaient se vanter de réaliser par leur obscurité le programme de M. Assy. Les fédérés n'hésitèrent pas à leur accorder une confiance sans bornes. C'était une chance nouvelle pour le parti dit de l'ordre.

Traduite sans ménagements par les organes municipaux, la nouvelle de l'échec des maires de Paris devant l'Assemblée causa une impression pénible qui rompit soudain le faisceau résistant que les deux jours précédents avaient lié. Un découragement profond en fut la conséquence. On demeura sur place, l'arme au pied, surpris que la présence de l'amiral Saisset ne se fût encore manifestée que par une profession de foi, mais n'espérant plus rien du dehors. Telle était la situation des esprits quand, vers quatre heures, les parlementaires du Comité se présentèrent à la mairie du 1er arrondissement, après avoir eu le bon goût de s'y faire précéder par deux pièces d'artillerie. Un accord dont le secret m'échappe encore parut avoir lieu. Il fut convenu que le vote communal se ferait entre les mains des anciens maires et que les établissements municipaux seraient gardés par des bataillons du quartier, fédérés ou non.

La lassitude et l'absence d'ordres réguliers aidèrent sans doute à la confiance.

Le lendemain matin, une affiche du Comité ne laissait aucun doute sur son manque absolu de foi. La mairie Saint-Germain-l'Auxerrois, abandonnée, était occupée par un de ses bataillons dévoués. Le vide s'était fait dans ces deux quartiers si vivants, si résolus la veille. Les hommes avaient rentré leurs armes. Les fédérés circulaient dans les rues désertes, vainqueurs à peu de frais. Le découragement était tel, que la première affiche du *Comité de conciliation* Ranc, Avenel, Levraud, passait inaperçue. On n'avait pour se distraire que la nouvelle assez bouffonne de l'arrestation de Charles Lullier, accusé de modérantisme par ses acolytes.

Quant à l'amiral Saisset, sur un ordre de Versailles sans doute, il partit le soir même et on nous a affirmé que le colonel de Beaugrand n'avait su son départ que plusieurs heures après.

Il m'a paru utile d'insister sur les faits de ces trois journées qui furent honorables pour une partie de la garde nationale de Paris. Je ne parle pas de l'autre, ne me chargeant pas de la défendre.

CHAPITRE IV.

LE VOTE. — PROCLAMATION DE LA COMMUNE.

PANTOMIME.

(26 mars — 28 mars.)

Le dimanche du vote fut moins gai que le précédent. Paris commençait à comprendre que tout cela n'était pas précisément un jeu. Jamais je ne rencontrai moins de monde dans les rues. On eût dit qu'on craignait d'être vu dans le voisinage d'une urne. Les locaux affectés aux élections étaient silencieux comme des temples. Les gardes nationaux y fumaient mélancoliquement. Il faut cependant convenir que jamais préposés à ce genre d'opération ne furent plus gracieux et moins exigeants. — Vous n'aviez point de carte d'électeur, le témoignage de deux passants suffisait à constater votre identité, et encore pouviez-vous servir à votre tour de témoin à l'un d'eux.

Trois personnes de bonne volonté auraient pu voter pour tout Paris.

Elles se contentèrent de voter pour une partie seulement. L'*Officiel* de la Commune ayant constamment négligé de nous faire connaître le nombre des électeurs inscrits, il est impossible d'évaluer cette fraction. Ce qui paraît certain, c'est qu'elle est inférieure à un huitième, limite acceptée en principe par le Comité, *pour cette fois seulement;* car plus tard ce minimum était supprimé.

La raison de cette suppression est trop plaisante pour ne pas être rappelée. Un nombre considérable d'électeurs ayant déserté Paris, la Commune déclara qu'il était impossible d'évaluer le nombre des électeurs présents et qu'il n'y avait pas lieu d'en tenir compte. Moi, dans cette voie, je serais allé jusqu'au bout et j'aurais décrété ceci : « Attendu que c'est évidemment par un excès de sympathie pour l'état de choses actuel que ces électeurs ont fui Paris et pour échapper à un enthousiasme qui les étouffait, leurs voix seront ajoutées d'office à celles acquises aux candidats. »

Le soir même du vote, le Comité central fit une nouvelle étape dans le chemin qui mène à la démission qu'il garde encore : il déclara solennellement qu'il se retirait, sa tâche étant finie. On apprit le lendemain qu'il avait simplement constitué un sous-Comité composé de onze membres parmi lesquels on comptait les futurs généraux Cluseret, Bergeret, Henry, Duval, et que présidait le citoyen Assy. — C'est la première apparition de Cluseret sur la scène militaire, qu'il devait inonder de tant de proclamations.

Le lendemain aussi, avant que les résultats définitifs du vote fussent à l'*Officiel,* trois membres élus de la Commune avaient déjà donné leur démission : c'étaient MM. Desmarest, Ferry et Nast du 9e arrondissement. Ils montraient un chemin très-fréquenté depuis par tous les républicains de vieille date un instant fourvoyés dans l'aventure des hommes du 18 mars.

Car l'*Officiel* se pressa peu de proclamer les noms des nouveaux membres de la Commune. Ce n'est pas que le Comité en craignît l'effet, car la plupart étaient connus seulement des amis qui avaient voté pour eux. Mais le petit nombre des votants lui semblait un indice d'indifférence sinon d'hostilité, eu égard surtout au concours que les maires dissidents eux-mêmes lui avaient prêté au dernier moment. Il se réservait de réparer par des pompes inouïes ce manque de publicité.

C'est le mardi 28 mars, à quatre heures de relevée, que les noms des membres de la Commune furent proclamés solennellement à l'hôtel de ville, au bruit du canon et devant un grand nombre de gardes nationaux. Les feuilles dévouées affirmaient le lendemain que *deux cent quinze* bataillons étaient massés ce jour-là sur la place. Toujours la plaisanterie des *deux cent quinze* bataillons ! Le contingent moyen des bataillons est de mille hommes. J'avoue que je n'aurais jamais cru la place de l'Hôtel-de-Ville aussi logeable. Cela rappelle tout à fait une gravure de la fin du siècle dernier dont la légende commence ainsi : *La nation française, réunie au champ de Mars...,* *etc.* Va pour deux cent quinze bataillons ! Mais alors ils y étaient numériquement représentés dans la proportion où le sont les grandes armées dans les batailles du Cirque.

Le Cirque ! Les membres du nouveau gouvernement y avaient sans doute passé leur enfance pour en avoir aussi soigneusement gardé toutes les traditions. Cavaliers déboulant au galop le long d'estrades de bois, défilés circulaires de quelques hommes précédés de nombreux tambours, armées composées d'aides de camp et de vivandières, coups de canon à toute heure du jour et de la nuit. Tout le brouhaha des pantomimes militaires y passait.

Je me souviens qu'il y a quelques années on représentait au théâtre du Châtelet une pièce du genre dit *patriotique* et qui s'appelait, je crois, *le Consulat et l'Empire*. Tous les soirs, à onze heures, les paisibles voyageurs descendus à l'hôtel qui dans le bâtiment voisin confine à la scène étaient réveillés par d'effroyables détonations.

Les anciens, qui savaient que c'était Taillade-Buonaparte en train de canonner à poudre des pyramides en carton, se tenaient coi en maugréant. Mais les derniers venus se précipitaient en chemise dans les couloirs, croyant à un accident terrible et hurlant comme des possédés.

La représentation de l'hôtel de ville produisit justement le même effet sur les deux tiers de Paris. Comme le silence de l'*Officiel* en avait fait une surprise, les salves d'artillerie épouvantèrent tous les quartiers voisins, qui crurent à un combat furieux. On s'enferma chez soi plein de terreur et d'hypothèses, et ce n'est que deux heures après que les badauds osèrent contempler l'estrade, la draperie rouge, le buste de la République, tous les débris de la fête que gardaient encore les canons chauds.

Franchement le Comité central a abusé, dès le début, du canon comme expression de sa pensée. Durant les premiers jours qui commencèrent l'ère du 18 mars, il ne se passait pas de nuit qu'on ne l'entendît gronder sur les buttes Montmartre. Un écho lointain lui répondait de Montrouge. C'était une causerie. Comme j'en demandais un jour le sens à un artilleur, il me répondit que cela voulait dire que *tout allait bien*. Quand tout allait mieux encore, à Belleville on sonnait le tocsin.

Jamais on n'eut de plus singulières façons d'exprimer sa joie que durant ce temps. Le jour même de l'échauffourée des canons de Montmartre, un cafetier de la rue du Luxembourg avait écrit sur sa porte : *Fermé pour cause de réjouissance publique*. Le Théâtre-Français, lui, ne s'était pas mis en frais d'invention. Sur ses affiches apposées de la veille une large bande transversale portait cette classique annonce : *Relâche pour cause d'indisposition*. Une indisposition générale de la troupe un jour de révolution ! Cela sent terriblement son *Malade imaginaire*.

A cette cérémonie de l'hôtel de ville, les membres du Comité central apparurent dans le costume qui fut adopté depuis par tous les membres de la Commune, drapés d'une écharpe rouge, coiffés de képis, irréprochablement bottés de vernis, quelques-uns avec des sabres, d'autres avec des éperons. Grâce aux barricades qui obstruaient tous les abords de la place, la fête se passa en famille et Paris n'en vit que la fumée. Je ne dirai rien des discours qui furent faits et que je n'ai pas entendus, mais j'inscrirai un mot fort spirituel qui me fut rapporté et qui donne le ton des entretiens familiers de l'estrade. Eudes aperçut dans la foule l'avocat qui l'avait défendu après l'affaire de la Villette et, mieux que cela, lui avait sauvé la vie par des démarches personnelles. Il le fit monter de force auprès de lui et lui proposa les fonctions qu'il voudrait dans le nouveau gouvernement. « Y pensez-vous, répondit maître X...? Faire donner une place à votre avocat! — Et qui vous défendrait dans quelque temps?» — Eudes sourit de bonne grâce et n'insista pas.

CHAPITRE V.

LA PAILLE ET LA POUTRE.

Si l'on jette un coup d'œil d'ensemble sur l'œuvre du *Comité central* jusqu'à l'avénement de la Commune, on verra qu'elle a consisté en ceci : mettre en tas toutes les pailles qu'il avait trouvées dans les yeux de ses ennemis, et, quand le tas était gros comme une poutre, se l'entrer violemment dans l'œil, à lui-même.

L'Assemblée nationale qui s'était fourré dans l'orbite quelques brins de la litière de son extrême droite dut avoir, tout de même, bien envie de rire. L'un des plus sérieux griefs que le Comité articulait contre elle était l'accusation d'avoir conservé ses pouvoirs au delà de son mandat. Or voici que lui-même, après s'être solennellement engagé à disparaître quand la Commune serait instituée, n'eut rien de plus pressé que de se constituer en conseil de surveillance. Il faut avouer que Cincinnatus avait mis un soc d'or à sa charrue.

2.

Ce qu'il y a lieu d'admirer sans réserve, c'est le *cœur léger* avec lequel ces messieurs se plongèrent dans la responsabilité des événements qu'ils avaient suscités. Si j'avais été le gouvernement de Versailles, je n'aurais vraiment rien trouvé à leur dire que le mot célèbre du mari trompé ou complice de sa femme :

« Ah! monsieur, vous qui n'y étiez pas forcé! »

Un autre grief du Comité contre la Chambre était qu'elle avait été élue sous la menace des baïonnettes prussiennes; et afin que cela ne pût se dire des élections de la Commune, il s'empressa de faire voter la moitié de Paris sous la gueule des canons de l'autre. Toujours le système de remplacer une paille par une poutre pour y voir plus clair.

Napoléon III, lui-même, dut se sentir singulièrement soulagé. Les plus incontestables républicains qui aient honoré son règne, Téniot, Lefranc, Victor Hugo, lui avaient reproché sans trêve de ne régner que par la force et de ne se maintenir à Paris qu'à l'aide de fortifications intérieures qui en faisaient une ville *stratégique*. Longtemps avant l'attaque, le Comité central établit de petites places fortes dans les rares intervalles que laissaient les grandes, et constitua une armée en permanence, à la solde du public, tout comme celle de l'ex-empereur. Ah! pauvres gardes nationaux qui avez accepté le service singulier d'une nouvelle police politique, vos fusils devinrent rapidement aussi odieux que les casse-têtes des sergents de ville à tous ceux qui pensaient, comme moi, que le respect de la liberté individuelle est le premier devoir d'un gouvernement républicain.

Autre paille dans l'œil de l'ex-empereur dont le Comité fit une poutre pour son usage visuel. Napoléon III occupait les Tuileries et en sortait volontiers à la tête du savant état-major qui fut si fort admiré des Prussiens. Celui du Comité central adopta identiquement les mêmes façons. On ne rencontrait, rue de Rivoli, qu'officiers de fantaisie, chevauchant sous des uniformes assez nombreux pour représenter différents corps d'armée : infanterie, cavalerie, artillerie, marine (pour la frégate-école et les canonnières), un tout fort gai à l'œil, très-complet, constatant le régime militaire le mieux accusé.

De telles insanités lui eussent crevé les yeux si cela n'eût été fait depuis longtemps. C'est sans doute pour en boucher la place qu'il ramassa un morceau de charpente dont Polyphème lui-même eût été aveuglé. Le gouvernement de Versailles avait manqué son opération militaire des buttes Montmartre. Le Comité inventa de marcher sur Versailles.

CHAPITRE VI.

SOTTISES PRÉPARATOIRES. — DÉMISSIONS.

(29 mars — 1er avril.)

Le général Brunel, du trio Eudes, Brunel, Duval, avait été élu membre de la Commune dans le 7e arrondissement. Le citoyen Bergeret ne l'avait été nulle part. C'est sans doute cette marque de confiance de la population qui lui valut de remplacer Brunel dans la trinité militaire et le désigna au choix du Comité central pour préparer les opérations.

Tandis qu'un service de remparts s'organisait facilement, grâce à l'habitude prise pendant le blocus prussien, et que les citoyens valides s'y rendaient quotidiennement, leur couverture roulée autour du corps et un pain à la baïonnette, la partie de la garde nationale qui veillait autrefois à la distribution des subsistances et maintenait pacifiquement le bon droit aux portes des bouchers, ceux que les gamins appelaient *pantouflards* commencèrent d'arrêter à tort et à travers les gens les plus inoffensifs.

Le pauvre M. Glais-Bizoin fut ainsi appréhendé dans un débit de tabac où il allumait, paraît-il, un cigare réactionnaire. Il eut d'abord la fatuité de croire qu'on le prenait pour un autre. Mais il fut convaincu bientôt que c'était bien à lui qu'on en voulait, et conduit au Comité, qui le fit relâcher.

M. Mario Proth, rédacteur du *Charivari* qui n'a pourtant jamais passé pour une feuille royaliste, fut arrêté le lendemain et gardé plus longtemps.

Une perquisition était opérée le même jour chez l'éditeur Lacroix.

Les mesures vexatoires s'accumulaient. La suppression à peu près absolue du service de la poste par le départ de M. Rampont et de ses employés, le 30 mars, acheva de rendre enchanteur le séjour de Paris.

Je ne compte pas parmi les charmes qu'il perdit le *Figaro,* dont la suppression ne fut pas moins une atteinte odieuse à la propriété et à la liberté de la presse. C'est alors que commença la guerre des fruits secs du journalisme, que la Commune avait accueillis dans son sein, contre les feuilles qui avaient dédaigné de tout temps leur prose, la campagne des Vésinier et des Paschal Grousset contre quiconque n'avait pas plié de bandes au *Rappel* ou porté, sous M. Vitu, la hampe de l'*Étendard.* Et puis les rancuniers que le mépris avait chassés des journaux ayant quelque respect d'eux-mêmes, Jules Vallès dont une main inconnue avait soutenu la candidature sous l'Empire; Vermorel que son collègue Félix Pyat accusait hautement de menées bonapartistes, et appelait plaisamment le *bombyx à lunettes*.

C'est au vu des mesures prises par cette fraction de la Commune que les membres de l'ancienne municipalité qui avaient consenti à en faire partie se retirèrent brusquement. Leurs noms méritent d'être cités. Le 31 mars, MM. Armand Adam, Méline, Barré et Rochard, du 1er arrondissement; Tirard, Loiseau-Pinson, du 2e; Leroy, docteur Robinet, du 6e; Murat, envoyaient leur démission que d'autres suivirent.

La Commune ne fit aucun effort pour les retenir. Elle perdait cependant ainsi le seul élément qui lui eût permis de lutter contre le Comité central.

CHAPITRE VII.

LA SORTIE EN MASSE.

(2 avril — 5 avril.)

Nous entrons dans une période nouvelle, celle de l'action militaire, qui démontra tout ensemble que les généraux de la Commune avaient encore moins de génie que ceux du gouvernement de la Défense, mais que ceux-ci avaient eu grand tort de mépriser un élément essentiellement héroïque de la population parisienne.

Il n'est pas permis de conclure de la façon dont une partie de la garde nationale s'est battue pendant le second siége que, si le mouvement du 31 octobre eût réussi, Paris eût été débloqué. Les faits prouvent le contraire, car le premier soin de la Commune eût été de remplacer des chefs qu'elle accusait hautement d'incapacité, par des généraux de son invention, Eudes, Duval ou Bergeret, ou bien d'autres encore que leur ignorance absolue de l'art de la guerre eût désignés à son choix. Or l'inertie du général Trochu avait au moins l'avantage d'être humaine. C'est au point que, durant la guerre civile, les philanthropes souhaitaient hautement que le commandement d'une des armées de Versailles lui fût confié *pour empêcher l'effusion du sang,* disaient-ils. Il n'y a donc aucune illusion à se faire sur l'influence qu'aurait eue sur le salut de Paris l'avénement de la Commune, lors du premier mouvement qui faillit la produire.

Mais il est également certain que les compagnies de marche eussent pu rendre de grands services. C'est une ineptie de croire que les hommes qui ont vraiment combattu depuis le 2 avril se battaient pour leur trente sous. Si leur courage était à si bon marché, le gouvernement de la Défense est bien coupable de ne pas leur en avoir donné quarante pour tuer des Prussiens.

Et cependant il est vrai qu'il n'y en avait peut-être pas là cent qui sussent ce que voulait dire le mot *Commune.* S'ils l'avaient su, il aurait fallu les envoyer de suite à l'hôtel de ville remplacer les élus du 26 mars. Ils marchaient en partie automatiquement, parce que, comme je l'ai dit, ils constituaient une immense machine humaine montée, chauffée, surchauffée par les proclamations du gouvernement antérieur. Comme un aventurier qui, pour s'enfuir, sauterait sur le marchepied d'une locomotive au départ, le Comité central avait bondi sur cet instrument admirable et l'avait poussé au hasard de son ambition.

Ceux qui ne subissaient pas cette action mécanique et versaient cependant leur sang étaient des ânes héroïques, prenant pour des idées les mots que leur jetaient les ânes bavards de l'hôtel de ville.

Il y avait aussi, et ils étaient nombreux, ceux qui, irrités par les choix du pouvoir, à Versailles, croyaient fermement défendre l'idée républicaine à Paris. Nous n'avons aucun élément pour juger, au point de vue de l'Assemblée nationale, l'opportunité de ces choix. Il est malheureusement certain qu'ils envenimèrent singulièrement les rancunes et exaspérèrent la défense.

Quelques coups de fusil avaient été tirés, le 1er avril, sous les murs du fort d'Issy. Ce ne fut pas même une escarmouche. Mais, le lendemain, l'action commença vraiment à Courbevoie, par une attaque de l'armée de Versailles, qui arrêta net les avant-postes des fédérés. Ceux-ci, qui se croyaient maîtres de la campagne, furent très-désagréablement surpris par le feu d'un régiment de gendarmerie que soutint une forte canonnade du mont Valérien tirant sur l'avenue de Neuilly. Les gardes nationaux lâchèrent pied d'abord, puis disputèrent courageusement le terrain. Les premières victimes de cette affaire, qui eut lieu à neuf heures du matin, furent, de leur côté, un commandant et neuf hommes qu'ils accusèrent les soldats d'avoir tués après les avoir pris. Paris tout entier se porta à Courbevoie à cette nouvelle. Les ambulanciers ramassèrent les cadavres, et, craignant d'exaspérer la ville par un spectacle funèbre, les déposèrent à la mairie de Neuilly.

Ce fut un jour horrible que celui-là. Encore un dimanche! Tout le monde sentit que la guerre civile avait commencé, et que les fumées de ce premier sang griseraient les combattants des deux côtés. Sur le lieu de la lutte la désolation était extrême. Je me rappelle une vieille femme de Courbevoie qui, levant les mains au ciel, s'écriait : « Quel bonheur que mon fils ait été tué par les Prussiens! il ne sera pas de cette horrible guerre! » Maigre et sibyllique, exaltée et comme mourante, cette vieille était bien la plus éloquente protestation qu'on pût rêver.

A quatre heures, les bataillons que le rappel avait convoqués défilaient sur les boulevards extérieurs aux cris de : Vive la Commune! vive la République! Quelques-uns chantaient l'hymne des *Girondins.* Tous marchaient en bon ordre. Pour qui les voyait partir ainsi, il était clair que la lutte deviendrait terrible. Les femmes, pleines de cris de vengeance, les excitaient tout le long du chemin. Leur rôle fut sinistre dans toute cette affaire. Les Sabines avaient été bien autrement humaines.

L'hôtel de ville était en grand émoi. Les généraux de la Commune y dressèrent de suite un plan qui ne souffre pas de commentaire. Comme celui du général Boum, il consistait à prendre trois chemins : trois colonnes devaient être formées, la première sous les ordres du général Bergeret, secondé par Flourens; le général Duval commanderait la seconde et le général Eudes la troisième. Le premier devait faire une démonstration sur la route de Rueil. Le général Duval, à qui incombait la plus grande responsabilité, devait marcher sur Versailles par le bas Meudon, Chaville et Viroflay, sous la protection du fort d'Issy et de la redoute des Moulineaux.

Quant au général Eudes, il devait prendre la route de Clamart, sous la protection du fort de Vanves, en traversant Villacoublay et Vélizy.

Ces deux derniers avaient donc, pour les soutenir pendant une partie de leur route, l'artillerie de deux forts bien armés. Quant à Bergeret, il avait supposé assez gratuitement que le mont Valérien lui rendrait le même office. C'est l'hypothèse la plus fantastique que général de fantaisie ait jamais faite, puisque le fort était aux mains de l'armée ennemie et qu'il n'avait laissé aucun doute la veille sur ses intentions. Néanmoins les huit bataillons qui avaient ce chef ingénieux purent croire, un moment, que le mont Valérien resterait neutre, car, partis la nuit par la porte Maillot, parvenus sans encombre jusqu'au pont de Neuilly, ils s'étaient avancés jusqu'à la demi-lune et avaient fait halte au rond-point des Bergères.

C'est là qu'une canonnade terrible les arrêta. Une partie de la colonne qui s'était déjà remise en route ne put rétrograder et fut coupée du gros de la division Bergeret.

Les Champs-Élysées et l'avenue de la Grande-Armée étaient envahis par une foule immense, anxieuse. La porte Maillot, dont le pont-levis ne s'abaissait que pour laisser rentrer des estafettes qui filaient ventre à terre jusqu'à l'hôtel de ville, offrait un curieux spectacle. Des gamins, cramponnés aux planches qui formaient la première palissade intérieure, cherchaient à découvrir, par les fentes du bois, des petits coins de paysage. La canonnade était terrible et les obus tombaient déjà à deux cents mètres du rempart. Le crépitement de la fusillade était continu, tour à tour enflé et emporté par les variations du vent, mais toujours sensible.

Ceux qui revenaient et que les questions assaillaient répondaient invariablement d'un ton assez morne : « Cela va très-bien. » Leurs auditeurs en concluaient immédiatement que Flourens était entré à Versailles.

Le malheureux! il y avait plusieurs heures déjà que, surpris à la gare de Rueil, il avait été tué d'un coup de sabre.

Vers trois heures on amena deux prisonniers. L'exaspération de la foule était telle qu'il fallut leur jeter sur les épaules des vêtements bourgeois pour les amener à la place. Un peloton de gardes nationaux les défendit et empêcha qu'il leur fût fait aucun mal. Mais d'ignobles cris : A mort! retentissaient tout le long de leur route. Honte! c'étaient des voix de femmes et d'enfants!

Un instant après, quatre hommes emportaient sur leurs épaules un clairon dont la tête était ouverte. Ce fut le premier mort de cette horrible guerre que la foule vît passer. Tout le monde se découvrit et quelques jeunes filles s'agenouillèrent. Un silence terrible se fit dans l'air, que secouaient au loin les intermittences du canon.

Des blessés passèrent ensuite. Des mains anxieuses entr'ouvraient les rideaux de leur voiture. Personne ne fut reconnu. On les dirigea sur l'hôpital Beaujon.

Cependant, par le long cordon humain qui serpentait de la place de la Concorde à la porte Maillot, les nouvelles arrivaient promptement au cœur de la ville, dénaturées, tour à tour, dans des sens opposés, ce qui les faisait parvenir exactes ou inexactes, comme un sou tombe face ou pile. Les groupes s'épaississaient rapidement autour des narrateurs. Des promenades hurlantes de voyous parcouraient les rues. De la place du Palais-Royal partait, à quatre heures, un cortége de femmes armées de chassepots qui escortaient une voiture où une femme toute en noir agitait, par la portière, un bouquet d'immortelles. On disait dans la foule que c'était la veuve d'une des victimes de la veille.

De semblables douleurs devinrent fréquentes et furent plus silencieuses. Bien des maris et bien des pères furent pleurés dans l'ombre. On rencontre dans Paris maintenant beaucoup de femmes en noir.

Les nouvelles exactes se précisèrent dans la soirée. Les bataillons rentraient par Neuilly, les Ternes, Sablonville, poudreux, harassés, non découragés. Le Comité central, qui sentait néanmoins le besoin de raffermir les esprits contre les suites de cet échec, couvrit les murs d'affiches. La plus merveilleuse était assurément celle-ci : Bergeret *lui-même* est à Neuilly. Ce *lui-même* est grand comme l'Iliade et donne la mesure de la confiance que ces malheureux mettaient dans les hommes de leur choix. Selon eux, ce *lui-même* devait rassurer tout Paris. Un cercle de Carpentras ne parle pas autrement de son célèbre ténor Babylas. Cercle de provinciaux, en effet, que ce comité ignorant, prétentieux, plein d'intrigues, de petites passions et d'ambitions ridicules !

La Commune ne perdit pas non plus l'occasion de témoigner, ce jour-là même, sa tranquillité parfaite au milieu des événements effroyables de la guerre commencée. Comme le gouvernement russe constatait que *l'ordre règne à Varsovie,* mais moins brièvement, elle lança une gerbe de décrets administratifs en pâture aux badauds, qui en étaient seuls intéressés. D'un même coup, elle sépara l'État de l'Église, rouvrit les ateliers du timbre, institua des cours de télégraphie, mit en accusation les ministres de Versailles, créa une commission de travail et d'échange et fit encore mille autres choses, inégalement importantes, mais dont presque aucune ne concernait son état de Commune. Pendant ce temps-là le citoyen Charles Lullier s'échappait une fois de plus et s'exprimait librement, dans la *Presse,* sur le compte des *fortes têtes* du Comité.

A la nuit seulement on sut que le mouvement des généraux Eudes et Duval avait été arrêté sur la rive gauche par le feu de la terrasse de Meudon. Les forts d'Issy et de Vanves avaient engagé avec les batteries de la terrasse un duel d'artillerie qui dura depuis, sans discontinuer, comme aux plus beaux temps du blocus prussien.

Le lendemain, 4 avril, le bruit du combat durait donc encore de ce côté. La Commune, qui avait eu la ferme intention de décréter la victoire, donna à ses généraux une première marque de mécontentement en les rayant de la Commission exécutive, sous prétexte qu'ils étaient au feu. MM. Delescluze, Cournet et Vermorel y remplacèrent Bergeret *lui-même,* Eudes et Duval. Ce dernier ne fut pas atteint par cette mesure, ayant été pris le jour même au combat de Châtillon et fusillé. Les journaux de Versailles, eux-mêmes, rendirent justice à l'héroïsme de sa mort. C'était un ancien mécanicien, habile dans son art, très-aimé et très-estimé. Il croyait vraiment combattre pour une idée, ce qui, au point de vue de la conscience, est la même chose que de combattre réellement pour une idée. Ceux qui ne reculent pas devant le sacrifice de tels hommes ne les valent assurément pas.

Eudes était de la même trempe. Compromis dans l'affaire de la Villette, il avait dû la vie à la fermeté de son attitude devant le conseil de guerre. Il prit au sérieux son métier de général et fit de son mieux, payant beaucoup de sa personne, convaincu qu'il remplissait une mission. Tout cela ne donne pas de talents militaires et ne met pas le droit là où il manque. Mais il faut convenir que si le Comité avait mal choisi ses hommes, au point de vue de la capacité, il avait mis la main sur des natures propres à soulever des masses et à exciter des combattants.

Bergeret seul n'avait ni intelligence ni prestige. Aussi fut-il remisé bien vite au commandement de la place d'abord, puis en prison; ce séjour paraissant au Comité la fin naturelle de toute carrière politique. On avait appris, dans l'intervalle, que les deux chevaux qu'il disait avoir été tués sous lui étaient ceux de sa voiture.

Le rôle actif du général Cluseret commença en même temps. Celui-là avait au moins le mérite de sa profession. Ancien officier de l'armée française, il avait combattu pour le Nord en Amérique et avait demandé un commandement contre les Prussiens. J'ai sa photographie sous les yeux. Sa physionomie est plus intelligente qu'élevée.

C'est le 5 avril que parut l'ordre émanant de lui, qui inscrivait d'office, dans les compagnies de marche de la garde nationale, tous les citoyens ayant moins de quarante ans. Il faut une absence de sens moral vraiment prodigieuse pour forcer à la guerre civile des hommes que la passion politique n'y appelle pas. La Commune s'associa tout entière à cette disposition monstrueuse. C'était à la fois révoltant et niais, car les moyens d'exécution faisaient absolument défaut. La portion de la garde nationale qui marchait, et que son courage n'absout pas, était une minorité qui, toute opération du dehors cessante, n'aurait pas suffi à arrêter l'autre.

Ce décret amena quelques violences d'exception,

mais ne produisit aucun enrôlement sérieux. Un des ridicules de la Commune, à cette époque, fut de faire constamment de la terreur sur le papier. C'est une occupation inoffensive, mais qui aliène aux pouvoirs les gens nerveux.

Avec autant de respect pour la liberté de conscience que pour la liberté politique, elle commença d'inquiéter les prêtres. L'arrestation de MM. Darboy et Deguerry leur valut des sympathies que leur attitude compromit un moment. Leur seul tort est d'avoir attendu pour intervenir, au nom de l'Évangile, que leur propre vie fût menacée par le décret sur les otages. Un souvenir d'admiration et de respect s'éleva vers la mémoire de l'archevêque Affre, qui avait été autrement courageux et humain.

C'est le 5 au soir seulement que la retraite des troupes fédérées engagées sur la rive gauche s'effectua. Les bataillons rentrèrent à Paris par Montrouge, racontant ce qu'ils avaient souffert, mais sentant déjà que, dans de meilleures conditions, ils constituaient une force réelle, propre à la défense sinon à l'attaque.

La sortie en masse, ce rêve des *à outrance* pendant le siége, avait eu lieu. On avait pu juger ce que valait une telle tentative contre une artillerie qui cependant n'égalait pas alors l'artillerie prussienne. L'opération était appréciée à sa juste valeur par ceux-là mêmes qui avaient eu assez peu de souci de la vie des hommes pour les lancer dans une telle aventure. De ce jour la guerre changea de caractère. L'armée fédérée perdit encore beaucoup de monde à vouloir conserver des positions au dehors. Mais la lutte n'en était pas moins restreinte à l'intégrité du rempart. Quelques fous seuls caressaient encore la chimère d'aller envahir l'Assemblée de Versailles.

CHAPITRE VIII.

DÉCOR FUNÈBRE.

C'est à partir de ce jour que Paris fut traversé sans cesse par les funérailles des victimes de cette guerre impie. Rapide à se blaser sur toutes choses, elles eurent cependant le don de l'émouvoir d'une façon continue et la foule ne cessa jamais de se faire le long des funèbres défilés qui suivaient à pas lents les avenues des cimetières.

Un corbillard sans ornements que surmontaient aux quatre angles des drapeaux rouges, noués de crêpe au sommet, emportait le corps. Les dramaturges n'ont jamais rêvé effet plus sinistre que ces quatre drapeaux s'élançant de la masse sombre où dormait le cadavre, pareils à des jets de sang. Sur le cercueil était étendue la capote du mort que tachait souvent du sang réel, très-visible sur le gris clair de l'étoffe. Les femmes se montraient avec horreur ces vêtements souillés.

Si le combattant tombé au rempart était un officier,

des musiques militaires précédaient la voiture et ralentissaient encore la marche du cortége en la rhythmant de marches funèbres. J'en entendis une jouer la marche de Beethoven : *Pour la mort d'un héros.* Le frisson vous traversait la chair.

Les hommes de la compagnie marchaient derrière, formant haie autour de la famille, qui souvent était rare. Ils portaient le fusil, le canon vers la terre, et avaient tous au képi une fleur d'immortelle.

On en rencontrait ainsi tous les jours et sur tous les chemins.

Le premier de ces convois, qui emportait de l'hôpital Beaujon les victimes de la grande affaire du 2 au 5 avril, fut d'une solennité singulière. La Commune y avait convié la population tout entière par des affiches bordées de noir. Je ne dirai pas que toute la population s'y rendit, mais la foule fut immense. Sur chaque voiture étaient accumulées plusieurs bières comme au temps où le choléra rend les fossoyeurs insuffisants au travail de la mort. Tous les bataillons fédérés que leur service ne retenait pas au dehors s'y étaient donné rendez-vous et s'exaltaient, à cette lugubre cérémonie, des sons du cuivre, des imprécations des femmes, du silence même de la foule. Leur défilé devant le *Comité central,* dont la plupart des membres étaient présents, rappelaient le *Morituri te salutant* des gladiateurs romains, et, comme eux, ils eussent pu dire : César.

Tout Paris fut ému de ce spectacle; les opinions s'effacèrent devant cette grande douleur de la guerre civile.

Dans les quartiers les moins suspects de sympathie à la cause des fédérés, tous se découvraient devant ces tristes dépouilles que la mort absolvait et que pleuraient tant d'êtres inconnus.

Hélas! ce qui passait ainsi devant nous, c'était un lambeau de la patrie!

CHAPITRE IX.

L'ÉCOLE DE ROUSSEAU.

Le résultat fatal de la marche sur Versailles ayant ébranlé la confiance, le Comité central eut recours à l'éloquence pour raffermir les esprits. Le placard qu'il fit afficher le 6 avril est un spécimen curieux de la littérature ignorante qui a cours encore chez les hommes dont l'instruction est embryonnaire. On y trouve tout d'abord autant d'impropriétés de termes que si feu Ponsard lui-même, ce Bergeret dramatique, l'eût rédigé. C'est ainsi qu'on y voit, par exemple, que nous assistons à la lutte entre l'*exploitation* et la *production*. Ceux qui savent comment on produit, sans exploiter quelque chose, trouveront peut-être un jour le mouvement perpétuel, mais dans une planète soumise à d'autres lois que la nôtre.

Aucun des *clichés* de la vieille langue socialiste ne manque à ce morceau. On y trouve les maladroits *qui noient la justice dans le sang,* les grand jours d'*hé-*

roïsme sublime, le *parasitisme* (?), les gens *qui végètent dans l'ignorance et croupissent dans la misère*, ceux qui *fécondent de leur sueur une fortune étrangère*, les jeunes filles *instrument de plaisir aux bras de l'aristocratie*, le *règne de la justice*, etc. Est-il possible d'affubler d'une forme aussi ridicule des idées qui ne le sont pas toutes? Que le pauvre Proudhon a bien fait de mourir avant d'avoir lu cette page-là! et toi aussi, pauvre Pierre Leroux, qui écrivais un français si pur et dont le citoyen Martelet (de la Commune) a parlé en si triste patois!

Oh! l'empire des mots! ce qu'une sonorité sans âme, une parole sans idée, une phrase dénuée de sens peut produire sur les foules! Je voudrais qu'on supprimât les quatre cinquièmes des mots de notre langue, mais que tous les hommes qui se servent du reste fussent condamnés à en adopter une définition identique. Je voudrais qu'on fît un dictionnaire *classique*, que tous fussent obligés d'apprendre par cœur et qu'il fût bien convenu que, quand deux hommes prononcent le même son, ils entendent la même chose. Le développement de notre idiôme devient l'érection d'une véritable Babel. Si toutes les intelligences ne sont accessibles qu'à de très-simples idées, qu'on chasse les philosophes ou qu'on les condamne à vivre entre eux, en leur interdisant l'usage de leurs détestables vocables hors de leur ménagerie.

Le catholicisme est devenu une force parce qu'il a un *catéchisme*. L'esprit moderne, qui veut se passer de cet humble formulaire, n'aboutit qu'à des théories ébauchées, mal comprises, hypothèses pour les uns et articles d'Évangile pour les autres, pâtures à gobe-mouches et pipeaux à ambitieux. Que de sang a coulé déjà pour cette chose inerte, lettre morte, matière vile : le *mot!*

Ceux qui sentent combien pourrait être grande l'idée de la rénovation moderne, l'idée du progrès, moralement généreuse et scientifiquement vraie, souffrent le martyre à la voir travestie d'une littérature aussi bouffonne et rendue sanglante à force d'être dénaturée!

CHAPITRE X.

LITTÉRATURE MILITAIRE ET TERREUR EN CHAMBRE.

(6 avril — 10 avril.)

O imitatores servum pecus! — Après Rousseau le général Schmidt, dont les contes étaient beaucoup moins amusants que ceux du chanoine de même nom. Entré dans la période de la défense pure et simple, le mouvement militaire se traduisit immédiatement par des bulletins qu'on eût dit copiés sur ceux du premier siége. On commença à *pousser des reconnaissances hardies,* à *se replier en bon ordre,* à avoir *infligé* à l'ennemi des *pertes considérables* ou *des pertes sérieuses,* à n'avoir qu'*un seul blessé* après une terrible affaire, à *étonner* l'ennemi par la précision de son tir (je voudrais savoir comment l'ennemi a exprimé son étonnement), et autres menus propos de blocus dont le général Cluseret ne fut pas moins prodigue que le confident du général Trochu.

La vérité sur les opérations de l'armée fédérée, pendant la période qu'embrasse ce chapitre, est qu'elle lutta courageusement contre l'armée sans cesse croissante de Versailles, qu'elle lui disputa les positions pied à pied, mais ne put l'empêcher cependant de gagner du terrain dans le double sens de l'étendue de son attaque et de la portée de son tir. L'action qui n'embrassait, le 6 avril, que les territoires de Neuilly et de Courbevoie, comprenait celui des Ternes le 7 et dépassait, le 9, la porte de Courcelles. En même temps, sur la rive gauche, la redoute des Moulineaux, combinant ses efforts avec ceux de la terrasse du bas Meudon, faisait, du fort d'Issy, le sommet d'un triangle de feu. Les fédérés tentaient le 9 un suprême combat pour reprendre le plateau de Châtillon et étaient repoussés. Les forts de Vanves et de Montrouge se trouvaient donc dominés irrévocablement par l'artillerie versaillaise, qui occupait en somme, de ce côté, toutes les anciennes positions des Prussiens et possédait en plus, de l'autre, le mont Valérien.

Celui-ci devenait de jour en jour plus actif. Le 6, les projectiles tombaient à deux cents mètres de la porte Maillot; le 7, ils dépassaient la barrière; les jours suivants ils atteignaient le rond-point des Champs-Élysées, traçant à la curiosité publique un cordon sanitaire que quelques imprudents se repentirent d'avoir franchi. Le 9, ils couvraient de feu l'avenue des Ternes, étendant vers la gauche leur action circulaire. Les fédérés, qui avaient dû abandonner Neuilly le 8, tenaient bon sur tous les autres points. Dans l'avenue de la Grande-Armée, ce bombardement incessant, qui paraissait avoir pour but d'empêcher l'établissement de barricades sur une des plus larges voies ouvrant sur Paris, ne fut guère fatal qu'à l'arc de triomphe. Il fut plus meurtrier aux Ternes, où il surprit la population.

Un malaise évident se produisait dans l'organisation de la défense. Dans deux ordres successifs, le général Cluseret traduisit sa mauvaise humeur par des plaintes. Dans le premier il paraît attribuer une partie du mal à la coquetterie des officiers, qui ne pensaient qu'à se fourrer des galons jusqu'au coude. Le fait est qu'ils ressemblaient, pour une part, à des cantinières mâles. Le second, plus sensé, protestait contre l'abus du rappel que faisaient les commandants dans certains quartiers, importunant le public et fatiguant leurs hommes, qui finissaient par ne plus s'y rendre. Il n'hésitait pas à voir une action malveillante dans ce désordre, qui me paraît beaucoup plutôt une suite naturelle du plaisir que les Parisiens de tous les temps ont eu à jouer aux soldats.

Sur ces entrefaites, le 8 avril, le Comité central instituait une commission de barricades. Le grand maître en était le citoyen Gaillard père, qui devait être bien fort en quelque chose, pour avoir pu se rendre influent avec le peu d'éloquence qu'il possédait. Cette commission, qui fut très-active par la suite, se prit si fort au sérieux, dès le début, que le général Cluseret en conçut de l'ombrage et eut soin de démentir sa première affiche, pour lui donner une petite leçon. Cette affiche promettait une haute paye de 4 fr. par jour aux ouvriers de ces fortifications improvisées. Une contre-affiche du délégué de la guerre déclara qu'elle ne serait pas payée.

Une autre mesure qui ne paraît pas avoir dû remédier à grand'chose est la suppression du grade de général. Les officiers n'en tinrent d'ailleurs aucun compte, attachés à ce titre qui avait été illustré quelquefois, il y a longtemps, dans l'histoire de France.

Ce qui, pratiquement, valait mieux fut la substitution du général Dombrowski au citoyen Bergeret dans le commandement de la place de Paris.

Il fut très-malaisé de se faire une idée juste du passé de M. Dombrowski à travers les lettres sans nombre dont les journaux furent inondés à son sujet. Ce qui fait craindre qu'il n'eût pas un très-grand intérêt à le faire approfondir, c'est qu'il ne répondit à aucune, bien que plusieurs fussent absolument malveillantes. Mais cela peut être aussi mépris de l'injure. Ce qui est certain, c'est que les membres les plus considérables et les plus honorés de l'émigration polonaise le renièrent formellement. Voici une version que je dois à un homme digne de foi et bien informé : Dombrowski était bien Polonais, mais il avait servi dans l'armée russe, où il fut, très-jeune, capitaine d'état-major. Soupçonné d'être favorable à l'insurrection polonaise, avant qu'elle éclatât, et, convaincu de menées hostiles au gouvernement, il fut envoyé en Sibérie, où il épousa une de ses compatriotes.

Étant parvenu à s'échapper, il retourna hardiment à Saint-Pétersbourg, où, sous des noms supposés, il vécut un an d'expédients et d'intrigues. Ce serait alors qu'il aurait falsifié des billets de la banque russe. Près d'être découvert, il retourna volontairement en Sibérie pour y chercher sa femme, et vint s'établir en France en 1865.

Soldat d'aventure comme Cluseret, après avoir appartenu à une armée régulière, il avait, au moins, l'éducation première d'un officier.

Si cela parut n'avoir pas été d'un grand poids dans le mérite de quelques-uns de nos généraux, c'est qu'ils l'avaient perdu dans une vie officiellement inactive à laquelle échappent les hommes entreprenants comme ceux-ci.

Pendant que l'organisation militaire se renouvelait ainsi, le Comité central faisait un appel aux départements, appel qui, suivant l'usage déjà long de ses proclamations, était tout simplement son panégyrique à lui-même.

La Commune poursuivait, en même temps, un système de terreur en chambre auquel le peuple répondit spirituellement en lui brûlant, le 7 avril, la guillotine sous le nez. Le même jour, ses agents tentaient d'arrêter, aux bureaux de sa rédaction, M. Paul Vrignault, rédacteur en chef du *Bien public,* coupable d'avoir prêché la conciliation à outrance. M. Vrignault était sorti depuis une heure et écrivit le lendemain, dans son journal qui continuait à paraître, une lettre noblement gouailleuse où il prévenait ces messieurs qu'il ne quitterait pas Paris et qu'ils ne l'arrêteraient pas.

Ils lui répondirent bien insuffisamment, en affirmant qu'ils n'avaient voulu l'appréhender que comme garde national réfractaire.

Est-ce pour la même raison que M. Denouille, agent d'affaires, 6, rue Neuve-du-Luxembourg, était privé de sa caisse ce même jour-là ? Aucun décret, que je sache, n'avait prévenu les gens de moins de quarante ans que leurs biens appartenaient à la Commune.

M. Ranc, qui craignit qu'on n'eût bientôt l'idée de rendre ce décret, en donna sa démission du coup. Il emporta avec lui le plus gros de ce que la Commune avait encore de sens politique et tout ce qui lui restait de talent.

Un ordre du 7 avril avait prescrit le désarmement immédiat des réfractaires. Dès le lendemain les magasins du *Louvre* et de la *Belle-Jardinière*, où ils abondaient, étaient envahis, et les fusils appartenant à leurs commis confisqués. Un peu plus tard, il ne s'agissait plus seulement de rendre inoffensifs les hommes de mauvaise volonté, mais de les faire marcher de force. Et la Commune avait solennellement aboli la conscription, tout comme le roi de Prusse ! Si elle avait dit tout d'abord par quoi elle allait la remplacer, je doute que cette mesure bienveillante eût été populaire. Il ne lui restait plus qu'à faire un décret conçu comme ceci :

ARTICLE 1er.

La peine de mort est abolie.

ARTICLE II.

Elle est remplacée par le supplice de la roue.

Cette menace constante de réquisition à main armée, pour tous les hommes d'un âge déterminé, était un véritable supplice.

Beaucoup songeant à le fuir, les gares de chemin de fer commencèrent, le 8 avril, à être occupées militairement. Les *ex-pantouflards* y gagnèrent leur paye en faisant regretter vivement les anciens employés de l'octroi dont ils remplissaient l'office, au départ.

Que de ruses furent imaginées pour échapper à cette nouvelle vexation! Une des plus plaisantes consistait à choisir un fiacre dont le cocher fût très-vieux. On changeait avec lui de vêtements en route, après l'avoir installé dans la voiture et pris sa place sur le siége. A la barrière, les gardes nationaux ne s'occupaient que du voyageur qui avait évidemment plus de quarante ans et laissaient échapper le nouveau cocher.

Voici qui est plus naïf encore : on prenait un billet *aller et retour* pour la banlieue, et on trouvait fréquemment un garde assez niais pour vous laisser passer, sous le prétexte que ce double billet prouvait l'intention formelle de revenir.

Il y avait aussi le procédé qui consistait à entrer dans la salle d'attente, sans billet, pour y parler à quelqu'un.

Jamais les emplois d'ouvriers gaziers, de commissionnaires de chemin de fer, de conducteurs de marchandises, tous ceux qui donnaient accès dans les gares, sans passer par le guichet fatal, ne furent brigués avec plus d'ardeur. Ce fut un véritable luxe d'hommes de peine roulant des brouettes et poussant des chariots. Il n'y eut pas une casquette d'employé qui n'eût couvert cinq cents têtes.

Les ambassades étaient envahies de faux étrangers qui, munis de papiers prêtés, se faisaient délivrer des passe-ports en règle. Une exception, réclamée par les autorités allemandes, exemptait les Alsaciens et les Lorrains du service de la garde nationale. Le lendemain, tous les jeunes gens avaient l'accent des bords du Rhin.

Le poëte Bergerat passa la barrière dans un tonneau de charbon.

Un bon tiers de Paris n'était plus peuplé que de sexagénaires qui ne songeaient nullement à se rajeunir. Des bruits catarrheux avaient remplacé, sur les boulevards, le roulement des voitures.

Et la mesure qui produisait cet immense désordre, qui vidait les magasins, troublait tous les services, faisait de Paris tout entier une succursale de Sainte-Perrine, ne donnait au Comité que de rares recrues. Les gendarmes ne suffisaient pas aux délinquants. Quelques vengeances personnelles, se traduisant par des dénonciations, firent de cet ordre général un moyen d'exception. Walter Scott prétendait qu'un homme armé d'un seul pistolet peut tenir en respect vingt assaillants, parce que, bien qu'un seul coup puisse être tiré, chacun craint d'en devenir la victime. Ainsi la levée en masse décrétée par la Commune, bien qu'étant en réalité impraticable, parce que les moyens d'exécution lui manquaient pour l'opérer, plana comme une menace sur tout le monde, et souleva plus d'animosité contre elle qu'une mesure plus effective, mais moins générale.

La plupart de ses actes furent marqués à ce coin d'impuissance. Telle est la loi des *suspects* qui porte la date du 6 avril et livre à la police quiconque serait accusé de relations avec Versailles. Encore un appât aux animosités privées que les seules craintes de la victime, même reconnue ensuite innocente, pouvaient satisfaire déjà dans une certaine mesure. Telle est plus encore la qualité d'otages donnée aux prisonniers politiques, qualité qui aggravait singulièrement leur situation. Il faut tenir dans un mépris monstrueux toute idée saine de justice pour concevoir la pensée de faire payer à l'individu les fautes d'une société tout entière. C'est ce que font les procureurs quand ils réclament un *exemple*. C'est ce que fit plus encore la Commune, en faisant de la vie de quelques-uns la garantie de son propre salut.

C'est trois jours après ce joli décret que, se rappelant soudain qu'elle avait aussi décrété la victoire, elle mit en prison Bergeret, qui n'avait pas réussi sa marche sur Versailles. Le pauvre homme n'avait pourtant rien promis et, s'il n'était rentré ni mort ni victorieux, c'est qu'il ne s'était nullement posé ce redoutable dilemme.

4

On apprit son arrestation en même temps que celle du citoyen Assy, laquelle surprit bien autrement le public.

Le motif de cette dernière mesure est encore mystérieux. On parla de secrets trahis chez une femme légère qui transmettait au *Paris-Journal* le compte rendu quotidien des séances, alors secrètes, de la Commune. Ce roman est bien impossible, et je croirais plutôt ce qui fut conté alors par un familier du citoyen Delescluze. On aurait retrouvé, dans la correspondance d'Assy, les traces de relations avec M. Rouher, remontant, il est vrai, à la grève du Creuzot. Ladite grève aurait eu pour principal moteur l'ancien ministre d'État, ennemi personnel de M. Schneider, et le citoyen Assy n'eût été que l'instrument de cette vengeance privée. Cela avait été déjà dit à cette époque, et tout ce que j'ai appris depuis confirme la probabilité de cette hypothèse.

Tandis que la Commune se rendait impopulaire à plaisir, se fondait la *Ligue d'union républicaine des droits de Paris,* ayant pour premiers membres des hommes appartenant, pour la plupart, à l'ancienne municipalité et connus, depuis longtemps, pour leurs opinions républicaines. Au programme du *Comité de conciliation* que M. Ranc avait institué elle ajouta, comme condition essentielle, la reconnaissance de la République par l'Assemblée nationale. Elle ne cessa depuis de poursuivre le but d'humanité qui l'avait suscitée, recrutant les adhésions avec ardeur, envoyant sans relâche des délégués à Versailles, également suspecte à la droite de la Chambre et à la gauche de la Commune, mais commandant à tous le respect par son dévouement.

Dans la soirée du 9 et la matinée du lendemain, le ralentissement des opérations militaires fit concevoir quelques espérances d'armistice, sinon d'arrangement définitif.

CHAPITRE XI.

LES INCONGRUS. — LE PÈRE DUCHÊNE.

Il serait parfaitement injuste de faire remonter jusqu'à la Commune toute la responsabilité des actes arbitraires commis en son nom pendant cette période. On ne trouble pas l'eau aussi bruyamment sans attirer les pêcheurs. Ils arrivèrent là, en foule, pêcheurs de places et pêcheurs d'argent, gens de sac d'écus et de corde à potence, personnalités bouffonnes et sinistres qui, par leurs folies, compromirent pour longtemps la cause dont ils vivaient, tandis que d'autres mouraient pour elle. La Commune faisait de la terreur en chambre. Eux firent de la police à vol d'oiseau.

C'est sous les auspices du citoyen Raoul Rigault, délégué à l'ex-préfecture, qu'ils surgirent presque tous. C'est lui qui leur donna le ton dont son entretien avec M. Darboy est demeuré le plus curieux spécimen. L'archevêque s'étant oublié jusqu'à appeler : *Mon enfant,* ce vénérable fonctionnaire qui n'avait pas trente ans : « Vous n'êtes pas devant un enfant, lui dit sévèrement

M. Rigault, mais devant un magistrat. » Être magistrat! tel fut le rêve. On avait vu, de tout temps, les jeunes hommes prêts à prendre le fusil ou à braver l'échafaud pour leur idée politique. Là on les vit briguer l'honneur moins périlleux de juger et d'arrêter en son nom. Les commandements militaires étaient peu courus, mais les commissariats de police étaient arrachés. Les généraux de la Commune, qui furent pour la plupart aussi braves qu'inexpérimentés, appartenaient à la classe ouvrière. L'élément bourgeois, qui était le plus jeune, fut, de beaucoup aussi, le plus prudent.

Effroyable abaissement des caractères ! Ambitionner à vingt ans des fonctions qu'on avait vu refuser à toute époque par les vieillards tarés ayant encore une pudeur. On racontait qu'un ancien magistrat, qui avait autrefois rendu un service au délégué à l'ex-préfecture, vint se mettre sous sa protection. — « Je me souviens, en effet, répondit M. Rigault, qu'il m'a obligé. Comme je ne suis pas un ingrat, qu'il me dise qui je dois *faire arrêter* pour lui être agréable. » Telles étaient les gracieusetés qu'échangeaient les familiers du successeur de M. Pietri. Pour que la politesse fût complète, on était autorisé parfois à *arrêter* soi-même.

M. Rigault ne dédaignait pas plus qu'un autre cette aimable occupation. Ayant appris que quelques employés du télégraphe, réfractaires aux invitations de la Commune, continuaient d'aller dans un petit café du quartier Latin que lui-même avait beaucoup fréquenté, il s'y rendit débonnairement, joua magnanimement une partie de dominos avec ses anciens amis, et les fit empoigner magistralement, à la sortie, par des gardes nationaux postés par lui. Il les assura d'ailleurs qu'*il ne leur serait fait aucun mal,* pourvu qu'ils rentrassent à leurs bureaux.

Leur bonne fortune n'était pas sans analogie avec celle de Coconas dans la *Reine Margot.*

Mais le véritable héros de l'arrestation, de la prise au collet, de la gendarmerie par amour, fut le citoyen Pilotell, que la Commune dut, par suite, destituer solennellement. Il n'était pas plus âgé que M. Rigault, mais il aimait la police presque autant que lui. Dessinateur de son premier état, tous ceux qui ont vu ses caricatures politiques comprennent qu'il ait souhaité de changer de métier. La guillotine n'est pas perdue pour avoir été brûlée sur la place Voltaire; on la retrouvera dans chacune de ses aimables compositions.

Ne voulant pas renoncer à l'art complétement, il s'était nommé, pour commencer, *conservateur-inspecteur* du Musée du Luxembourg, titre qu'il cumula rapidement avec celui de *commissaire particulier du cabinet de l'ex-préfecture de police.* Un gentilhomme espagnol n'eût pas désiré une plus longue désignation dans ses lettres de noblesse. C'est, vêtu de cette double commission et d'une écharpe rouge plus longue encore qu'il parcourut, un soir, les cafés de la rive gauche, faisant empoigner les filles et chassant les joueurs pris en flagrant délit de besigue à deux sous. Cette explosion de moralité souleva sur ses talons un immense éclat de rire. Mais un magistrat ne se retourne pas pour si peu. J'en ai vu, de ceux-là, qui, plus imperturbables encore, ne se retournaient même pas pour un coup de pied.

Deux jours après cet exploit, le citoyen Pilotell en accomplit un autre qui ne lui valut pas une grande considération. Il avait fait quelques dessins autrefois dans le journal *l'Éclipse*. M. Polo, directeur de cette feuille, ayant eu le mauvais goût de préférer le talent d'André Gill à celui que se supposait M. Pilotell, ce dernier s'en fut l'arrêter, sans autre mandat qu'un revolver. La presse tout entière se souleva contre cette infamie. Ses injures ne firent pas retourner non plus le digne employé du cabinet de M. Rigault.

Je dirai bien vite, pour n'avoir plus à en parler, que c'est encore lui qui, le 21 avril, présida à l'exécution des deux feuilles courageuses dont la Commune avait prononcé la suspension le 19. On sait que le *Bien public* et l'*Opinion nationale* continuèrent de paraître, pendant deux jours, après cet arrêt, trouvant ainsi moyen de protester contre une inqualifiable tyrannie. C'est M. Pilotell qui se chargea de faire disperser les caractères d'imprimerie, pour ajouter à l'interdiction morale un empêchement matériel.

Tels furent les traits saillants de sa carrière politique sous la Commune. L'art même n'était pas intéressé à ce qu'elle fût plus longue, puisqu'il n'avait pas cessé de dessiner.

D'autres, qui n'opéraient pas eux-mêmes, mais qui

poussaient effroyablement à la police, étaient les rédacteurs du *Père Duchêne*. Les premiers numéros avaient paru le 6 mars; un moment suspendue, cette feuille reparut le 18 et eut un prodigieux succès de vente. On la criait, dès l'aube, par toutes les rues, avec grand accompagnement de f... et de b... et le classique : *Il est bien en colère aujourd'hui !* C'était, en général, des gamins de dix ans quise tordaient la bouche à cette exclamation journalière. Le fait est que plusieurs fois ce journal fut amusant, se tenant alors dans des généralités inoffensives dont le fond innocent contrastait même avec les violences de la forme. Le *Siècle* prit longtemps la peine de l'analyser. Il en fut, ma foi, payé en belle monnaie.

M. Gustave Chaudey, tout justement du *Siècle*, fut sa première victime. Dénoncé dans le nº du 12 avril, il était arrêté le 13. De ce jour, le *Père Duchêne* fut le pourvoyeur de la Commune, et la curiosité malsaine qui continua de le faire lire n'eut plus d'excuses. Remarquons d'ailleurs que la curiosité n'exclut pas le mépris ; mais le mépris non plus n'exclut pas les *bonnes affaires*, ce qui dut consoler tout à fait les auteurs de ce pamphlet patois.

Les hasards de la vie littéraire, lesquels ne sont pas tous des bonnes fortunes, m'avaient fait rencontrer l'un d'eux à son arrivée à Paris. Venu ici *pour y faire des vers* sous les auspices du gracieux poëte André Lemoyne, M. Vermesch, rédacteur en chef du *Père Duchêne*, avait débuté, dans le genre idyllique, par un portrait injurieux de George Sand qui le fit mettre, du coup, à la porte du *Gaulois*, où il signait alors *la Palferine*. Il avait fait depuis quelques almanachs. Le pis est qu'il aurait pu avoir du talent.

Son principal collaborateur était le dessinateur Humbert, qui fut un instant célèbre par les lettres de *Boquillon*. On se rappelle ces dessins primitifs en marge d'un texte où la langue des soldats était parlée avec une réalité amusante. M. Humbert était commandant d'un bataillon de la garde nationale dont les officiers ne professaient pas tous (j'en fus témoin) une grande estime pour lui.

Si j'écrivais pour la postérité, de tels noms ne tomberaient pas sous ma plume. Mais encore une fois ceci n'est pas un livre, c'est un journal, au plus une chronique. Je ne voudrais pour rien au monde tomber dans le travers du *Père Duchêne* et encourir l'odieux de personnalités. Celles que je pourrai faire n'auront pas le même but, car je ne hais rien tant que les représailles. On ne peut guère conter les mauvaises actions qui se firent en plein jour, pendant ce déplorable temps, en les laissant anonymes. Or le *Père Duchêne*, dont les débuts avaient paru un pastiche amusant, un jeu littéraire, une gageure, devint par la suite l'organe de vengeances privées, l'écho de haines particulières, l'excitateur de la Commune qui n'avait pas l'excuse de le prendre pour l'expression d'un sentiment populaire quelconque, puisqu'elle en connaissait les auteurs et savait fort bien que M. Vermesch n'avait jamais vendu de fourneaux.

CHAPITRE XII.

LA JOURNÉE DU 11 AVRIL.

Le soleil se leva dans un brouillard pacifique dont le manifeste de la franc-maçonnerie fit les frais. Un peu nuageux, ce document, affiché partout dès six heures du matin, est rempli d'intentions à paver un purgatoire. Tout le monde se trouve franc-maçon à lire d'aussi honnêtes choses. Jugez-en :

« La maçonnerie prêche la paix parmi les hommes et, au nom de l'humanité, proclame l'inviolabilité de la vie humaine.

« La maçonnerie maudit toutes les guerres ; elle ne saurait assez gémir sur les guerres civiles.

« Au nom de l'humanité, au nom de la fraternité, au nom de la patrie désolée, arrêtez l'effusion du sang.

« Nous ne venons pas vous dicter un programme, etc. . . . . »

Sans avoir subi aucune espèce d'épreuves, j'ai la prétention d'être grand maître dans l'ordre qui professe ces maximes naïvement humaines et que je proposerais d'appeler *l'ordre des ceux qui veulent le bonheur du genre humain*. Le malheur est que nous n'aurions pas le droit d'en exclure M. Prudhomme.

Ce qui est plus étonnant, c'est la phrase suivante : « Nous nous en rapportons à votre sagesse. » Franchement la Commune n'avait rien fait qui autorisât un semblable appel.

Cette proclamation n'en fut pas moins le début de la campagne plus courageuse que politique des francs-maçons dans cette affaire. On peut trouver enfantine leur profession de foi. Il n'en est pas moins certain que le jour où tout individu aura l'horreur réelle du sang, on ne trouvera plus d'ouvriers pour la guerre civile. Cette vérité est plus élémentaire encore que tout ce qu'ils ont écrit.

En même temps que leur affiche, paraissait une liste importante d'adhésions à la *Ligue d'union républicaine des droits de Paris*. Ceux-là avaient un programme qu'ils maintenaient dans son intégrité, l'affirmant à chaque occasion : — reconnaissance de la République par l'Assemblée, — régime municipal souverain à Paris, — service militaire uniquement confié à la garde nationale. Il ne s'agissait pas pour eux d'intéresser les sentiments d'humanité du public, mais de poser au gouvernement de Versailles un ultimatum. Ils représentaient une fraction importante de l'opinion parisienne et leur manifeste était discuté, point à point, dans les groupes. En somme, on rêvait conciliation de tous côtés, et le silence du canon prêtait ce matin-là aux illusions philanthropiques.

A trois heures le mont Valérien le rompit par une effroyable décharge sur la porte Maillot. Puis son tir se dirigea vers les Ternes, où s'engagea un combat d'avant-postes, consistant en une fusillade à distance dont le crépitement incessant rappela tout le monde à la réalité.

A la même heure, des événements moins bruyants mais bien autrement graves se passaient au fort d'Issy. On s'y attendait, depuis deux jours, à une attaque sérieuse et la vigilance y était poussée au plus haut point. Il y régnait même une certaine défiance intérieure qui alla jusqu'à faire passer sommairement par les armes quelques hommes accusés de trahison. Cette lugubre opération faite, on se porta en avant dans les tranchées, qui furent armées de mitrailleuses dites américaines.

Rien n'indiquait encore cependant la présence des troupes. A peine quelques coups de canon dans la direction de la Seine... puis rien. La nuit était venue, — il était huit heures, — quand les sentinelles remarquèrent trois signaux à feux blancs dans la direction du château de Meudon. Plus de doute : le moment était venu. Une canonnade furieuse l'annonça à tout Paris.

Voici, d'après les défenseurs du fort, les détails de cette attaque :

A peine les signaux s'éteignaient-ils qu'on vit arriver des Moulineaux, de Meudon, du flanc de Châtillon, trois colonnes qui marchaient silencieusement vers le fort. Tout resta calme d'abord. Mais, quelques instants après, lorsque l'armée fut massée, commencèrent des bordées de mousqueterie et de mitrailleuses qui parurent surprendre les assaillants, mais ne les arrêtèrent pas.

Par trois fois ils reprirent leur marche en avant, encouragés sans doute par la faible distance qui leur restait à franchir.

Pendant ce combat presque à bout portant, le canon faisait silence, tant il était difficile de tirer du fort sans sacrifier ses propres défenseurs.

Mais aussitôt que s'opéra un mouvement de retraite, l'artillerie commença à tonner avec une extrême violence de part et d'autre Issy tirait sur le flanc des troupes qui se dirigeaient du côté de Vanves; le plateau de Châtillon tirait sur Vanves et Issy. Enfin, de son côté, le fort de Montrouge tenait en respect une partie de Bagneux, d'où un renfort pouvait venir à l'armée de Versailles.

A dix heures et demie, la retraite s'effectuait sous la protection du plateau de Châtillon et d'une forte batterie de mitrailleuses opérant à l'arrière. Le fort tirait encore, mais avec moins de fureur. Il prit, de cette soirée, l'habitude de tirer comme mécaniquement, au point que, quelques jours après, le général Cluseret fut obligé de l'inviter publiquement à ne pas consommer, à lui seul, toutes les munitions de la défense.

Rentrons dans Paris qui offrait, pendant ce combat, le plus étonnant spectacle du monde. C'est sur le boulevard Saint-Michel que se porta la foule aux premiers coups de canon. Grâce à l'écho qui répercutait toutes les détonations, il fut impossible d'abord de juger d'où venait le vacarme.

On recula jusque sur le pont au Change; mais les larges éclairs qui déchiraient le ciel s'y doublaient, comme les sons, réfléchis par la Seine. On ne savait pas encore le lieu du combat. Les uns disaient Issy et les autres la porte Maillot. Mais tout le monde assurait que c'était l'entrée de l'armée de Versailles.

Si le général Dombrowski avait prévu, comme l'affirma la dépêche qu'il fit afficher le lendemain, cette attaque, depuis deux jours, il faut convenir qu'il avait bien gardé son secret, car des cavaliers affolés, venant de l'hôtel de ville, s'élancèrent, ventre à terre, dans la direction de Montrouge, si troublés que quelques-uns tenaient leur revolver à la main, comme si l'ennemi eût été embusqué dans les ruines du musée de Cluny.

Ils revinrent plus paisiblement à onze heures, proclamant l'insuccès d'une attaque dont il nous est impossible encore de juger les prétentions.

Paris acquit, ce soir-là, la propriété de pouvoir entendre la canonnade à ses portes sans en être plus ému que du chant des oiseaux. — Sur la rive gauche, elle demeura incessante tous les jours suivants, l'armée de Versailles paraissant prendre plaisir à épuiser les ressources des forts qu'elle menaçait sans cesse de fausses attaques. Dès le lendemain, le même système de harcellement fut pratiqué sur l'autre rive.

CHAPITRE XIII.

SITUATION DE LA DÉFENSE. — UNE OASIS.

(12 avril — 13 avril.)

Il est bon de préciser les situations respectives qu'occupaient alors les deux armées, le long du terrain large et profond que leurs opérations embrassaient sur la rive droite. Elles permettront de comprendre comment les combats ont pu durer tant de jours, peu meurtriers mais incessants, guerre de plaine et de barricades à la fois, duel constant d'artillerie que chaque mouvement de troupes variait d'une courte fusillade. On ne pouvait plus remuer de part et d'autre sans éveiller l'ennemi. La canonnade était comme le ronflement rhythmique d'un dormeur dont la mousqueterie signalait les sursauts.

Les troupes de Versailles avaient établi dès le début, à la hauteur du marché de Neuilly, une barricade que le feu du rempart avait en partie annihilée. Ses défenseurs s'étaient réfugiés dans le vieux Neuilly, autour du château, et répandus dans la grande île, témoin des bourgeoises voluptés de la famille du roi Louis-Philippe. Les travaux qu'ils avaient élevés à l'extrémité de l'avenue du Roule n'avaient pas, non plus, résisté aux obus de la porte des Ternes, que garnissaient des pièces à gros calibre.

Donc, par l'avenue de Neuilly et par l'avenue du Roule, il semblait impossible de faire un pas en avant.

Restait l'ancien parc et l'île qui tous deux se terminent, en descendant la Seine, à la hauteur de Villiers. C'est là que les fédérés attendaient les assaillants, sachant que l'attaque des fortifications était pour le moment impossible. Massés dans Villiers, ils se déployaient en tirailleurs tout autour, en défendant toutes les issues. D'autre part, ils partageaient avec les troupes le parc et l'île, qu'ils étaient parvenus à remonter par Levallois-Perret.

Mais il leur était impossible pour le présent d'occuper Neuilly. Leur espoir était que les soldats, manquant de munitions, seraient forcés de se réfugier à Longchamp et à Suresnes, en traversant l'avenue au pas de course. Courbevoie ne semblait pas pouvoir venir à leur secours, le pont étant battu de face par la porte Maillot, et de flanc par les batteries établies à Levallois, à la hauteur de la rue Launay, sur le bord de la Seine. D'autres pièces établies au pont d'Asnières frappaient d'ailleurs la sortie de Courbevoie et rendaient très-meurtrière une descente de ce point.

Les troupes de Versailles étaient donc à Neuilly, mais dans un espace restreint, le mont Valérien ne pouvant d'ailleurs soutenir aucun de leur mouvement, tant les combattants étaient voisins les uns des autres. Cette réserve devait cesser le jour où les fédérés occuperaient Neuilly à leur tour, et, de plus, le rond-point de Courbevoie devait leur rendre impossible la traversée de l'avenue.

Il est donc malaisé de comprendre l'acharnement qu'ils mirent à occuper cette position. Le 13 et le 14 avril furent signalés par une fusillade continue de maison à maison, dans Neuilly d'une part, dans Levallois de l'autre. Sur les deux points l'action eut lieu sur un terrain limité, et la vie d'un homme coûta d'effroyables quantités de poudre. Les fédérés en étaient plus prodigues encore que les soldats, qui pourtant avaient des chances indéfinies de ravitaillement à Levallois, sinon à Neuilly, où ils étaient coupés de leurs communications par l'avenue.

Un nouvel élément s'ajouta, le 13, au vacarme des jours précédents : une batterie fut établie au Trocadéro avec la prétention de battre le mont Valérien. Bien que le général Cluseret ait fait afficher, depuis, que la brèche du fort était *très-appréciable*, il est évident, pour quiconque a vu la disposition des pièces, que pas un de leurs projectiles n'atteignait son but. Le tir avait à subir une inclinaison très-forte, les obus devant passer au-dessus de maisons voisines et hautes qui forçaient à surélever la trajectoire, au détriment de sa portée horizontale.

Des artilleurs aussi convaincus que fantaisistes n'en continuèrent pas moins à les servir, sans relâche, entre leurs repas qui, du reste, duraient longtemps. Ce fut une des meilleures plaisanteries de la défense. Le village de Levallois-Perret, qui paya pour le mont Valérien, dut seul la trouver d'un goût douteux. Une autre facétie fut l'établissement d'un petit parc d'artillerie dans l'île étroite qui s'adosse au pont de Grenelle. Quelques piles de boulets et deux coulevrines en faisaient les frais. Un dragon en capote grise veillait férocement sur ce trésor.

Pendant ce temps, un doux poëte qui signait à l'*Officiel :* le *chef de la sûreté,* y insérait les lignes suivantes, à propos d'une quête en faveur des victimes de la guerre :

« Il n'y a pas de drapeaux pour les veuves.

« La République a du pain pour toutes les misères et des *baisers* pour tous les orphelins. »

L'aimable Ducray n'est pas sans postérité.

Pendant ce temps aussi, et ceci est plus sérieux, un groupe très-intéressant d'artistes fondait une association libérale qui répondait à des aspirations exprimées déjà depuis longtemps.

La *Fédération des artistes de Paris* tenait sa première séance générale à l'École de médecine, sous la présidence de M. Courbet. Le grand amphithéâtre était plein et toutes les branches de l'art contemporain y étaient représentées.

Nous ignorons quel sort est destiné à cette société

en tant qu'institution *officielle.* Mais il n'est pas douteux que cette tentative d'émancipation à l'endroit de la tutelle administrative n'ait une grande portée; car là était le point principal et le but. Les artistes prenant en mains propres la gestion de leurs affaires et en confiant la direction à un pouvoir électif, rien assurément n'est plus sensé et légitime.

J'avoue qu'à écouter le remarquable rapport que fit le dessinateur Pottier à cette occasion, j'éprouvai tout le plaisir que donne une excursion en pleine raison, dans un temps de folie générale. Tout cela était aussi mûri, aussi pratique, aussi libéral que tout ce que faisait la Commune l'était peu. Conservation des richesses de nos musées, organisation des expositions annuelles, institution d'expositions partielles pour la vente, tous ces points étaient réglés avec une méthode parfaite dans ce remarquable document. M. Pottier, qui fut plus tard de la Commune, aurait pu au moins donner à ses collègues l'avis de traiter ainsi les questions.

Ne passons pas sous silence une protestation très-éloquente contre le sentiment qui reléguait à un plan inférieur, sous le nom méprisant d'*art industriel,* les différentes parties de l'art décoratif. On retrouve là l'influence heureuse de l'exposition orientale qui nous a révélé les merveilleux travaux des Japonais dans ce sens, et mis à leur rang ces admirables artistes.

Malgré les interruptions irréfléchies, les réclamations intéressées et quelques saugrenuités politiques, un vrai sentiment de fraternité fut le caractère dominant de cette séance qui n'eut rien de politique. Tous les assistants sentaient qu'en renonçant à la protection gouvernementale, l'art s'ennoblit sans doute, mais qu'il lui faut trouver, dans une solidarité plus étroite de ceux qui le tiennent pour la plus grande chose du monde, de quoi remplacer le bâton doré sur lequel il s'appuyait.

Une journée tout entière ne pouvait pas se passer dans une atmosphère aussi calme. Le soir même, eut lieu l'arrestation de M. Gustave Chaudey qui refusa courageusement de se cacher. Cet acte fut à la fois une chose odieuse et une ineptie. Aucun doute n'était permis sur les sentiments républicains de l'exécuteur testamentaire de Proudhon.

CHAPITRE XIV.

LES FUNÉRAILLES DE PIERRE LEROUX.

(14 avril.)

Bien que tous les journaux eussent annoncé l'heure des obsèques de Pierre Leroux, la foule était peu nombreuse, à dix heures, devant la maison mortuaire, une humble maison du boulevard Montparnasse, avec une brasserie et un tir au rez-de-chaussée. On ne partit pour le cimetière qu'à onze heures et, bien que le cortége se fût grossi, il ne répondait guère à la grande renommée qu'eut, vingt ans auparavant, l'auteur de *l'Humanité*. Il était composé, en grande partie, d'hommes de sa génération parmi lesquels nous avons reconnu son ancien collègue à la Chambre, M. Nadaud. Cet adversaire de la famille, épouvantail des bourgeois qui ne l'ont jamais lu, laissait dans la ligne descendante trente-deux parents qui le pleuraient à chaudes larmes.

La Commune s'était fait représenter, à cette solennité funèbre, par quatre de ses membres, les citoyens Babick, Verdure, Ostyn et Martelet.

Le gendre du défunt prononça sur sa tombe une rapide oraison funèbre, très-éloquente, ma foi, où les doctrines humanitaires de Pierre Leroux étaient savamment résumées, et que terminait une profession de foi d'un spiritualisme panthéiste tout à fait poétique et élevé.

Le citoyen Ostyn (de la Commune) prit la parole et déclara fort honnêtement qu'il n'était pas plus hostile qu'un autre à l'idée d'un monde meilleur. Cette adhésion aux espérances du défunt fit vraiment plaisir à tout le monde, l'*Officiel* s'étant permis, la veille, une appréciation assez insolente de l'œuvre de Pierre Leroux dont il blâmait le *funeste mysticisme*. Opinion d'homme qui n'a pas lu.

Mais le citoyen Martelet (également de la Commune) eut tout à fait tort de parler à son tour, car personne ne comprit l'à-propos de son allocution. Jugez-en : son exorde fut que la Commune ne l'avait chargé de rien dire (la bien avisée pour cette fois !), mais qu'il dirait quelque chose tout de même, parce qu'il était jeune et qu'il avait eu un cousin déporté en 1848. — La conclusion fut que la guerre actuelle était nécessaire, et que si la Commune était menacée, son cousin d'Amérique viendrait la défendre. — Et rien de plus.

On se sépara au milieu d'une stupéfaction générale.

J'ai trouvé une fois de plus qu'il devrait être interdit de venir dire un tas de sottises sur la tombe des honnêtes gens. Comme à l'Académie où le discours du récipiendaire est communiqué à ses futurs confrères avant d'être prononcé, les oraisons funèbres de ce genre devraient être soumises, au moins, aux parents du mort. J'en ai entendu qui étaient de véritables réquisitoires. Et des vers donc! Je n'oublierai jamais ceux qui furent débités devant le cercueil de ce pauvre Antony Deschamps, qui avait fait un si beau sonnet. C'est à souhaiter qu'il n'ait pu les entendre, de la nouvelle planète que lui promettait Pierre Leroux.

CHAPITRE XV.

DEUX JOURS DE SAGESSE.

(15 avril — 16 avril.)

Ce n'est pas, au moins, à l'envahissement de l'hôtel de M. Thiers que j'applique ce titre, mais aux décrets que rendit la Commune pendant ces deux journées, décrets presque sensés et dont le but paraît avoir été de pousser au vote le plus de citoyens possible. Car le 15 avril était le jour des élections supplémentaires nécessitées par les démissions de nombreux membres de la Commune élus le 26 mars.

Ceci prouve bien qu'en prenant des mesures violentes et vexatoires, la nouvelle municipalité savait à merveille qu'elle se rendait impopulaire, puisqu'elle éprouvait le besoin de revenir dessus, dans certaines occasions. Ce mépris absolu du sentiment public dans un gouvernement qui se disait républicain est vraiment une chose stupéfiante.

Or donc ce n'est pas sans une surprise, agréable d'ailleurs, que la population parisienne lut, ce jour-là, sur les murs, que les arrestations allaient être soumises au contrôle du pouvoir et que le premier venu ne pourrait plus appréhender au collet les passants, sans avoir à rendre compte de cet acte. Il paraît que la modération est pareille au galon, dont on ne saurait prendre à demi, comme le prouvaient si bien les officiers de la Commune; car un blâme sévère était infligé, en même temps, au citoyen Laccord, cuisinier en rupture de fourneaux, qui avait trouvé charmant de vouer publiquement à *l'infamie* (sic) tous les hommes du 6e arrondissement qui ne prendraient pas un fusil. Le mot fut trouvé trop vif et les réfractaires furent admis à s'expliquer.

Le lendemain, nouveaux bienfaits par voie d'affiche. Il fut interdit aux cavaliers de traverser les rues au galop, ce que ne manquaient pas de faire les écuyers inexpérimentés du cirque Dombrowski. Pour comble de joie, réouverture des portes de Clichy, la Chapelle, Pantin, Romainville, Vincennes et Charenton, fermées par ordre depuis plusieurs jours. Enfin promesses rassurantes à l'endroit d'un nouvel investissement dont la menace courait dans l'air. Par exemple, le moyen employé pour en démentir le bruit n'était pas adroit. L'affiche affirmait que des marchés passés avec le *Nord* et l'*Est* assuraient le ravitaillement, ce qui revenait à dire que le ravitaillement était aux mains des Prussiens. Or ceux-ci nous avaient trop mal nourris pendant six mois pour qu'on fût très-satisfait de les avoir, de nouveau, pour restaurateurs. Enfin, et ce n'était pas la plus mauvaise idée, le travail relatif à la correspondance de Napoléon III allait être revisé, ce qui promettait à la curiosité publique une longue distraction.

Toutes ces mesures gracieuses ne décidèrent pas la masse des électeurs à faire acte de présence. Leur nombre fut piteux dans tous les arrondissements et resta si fort au-dessous du huitième prescrit par la loi de 1849, que la Commune se décida à passer outre en validant néanmoins les élections. C'était la seule faute qui lui restât à commettre, après les illégalités sans nombre qu'elle avait accumulées depuis trois semaines. On fut membre du nouveau conseil municipal de Paris avec moins de 2,000 voix, c'est-à-dire moins qu'il n'en faudrait pour être nommé à Pontoise. C'est avec des majorités de ce goût que les citoyens Courbet et Pottier arrivèrent au pouvoir. Au reste, du moment qu'aucun minimum relatif n'était exigé par la loi, le premier venu eût été fondé à aller s'asseoir sur les moleskines de l'hôtel de ville, sous le prétexte qu'ayant voté pour lui-même, il avait la vingt millième partie des électeurs inscrits.

Ce résultat fut un échec réel pour la Commune à qui il prouva une antipathie prononcée. Elle ne parut pas s'en émouvoir, mais reprit, le lendemain même, le cours de ses insanités et de ses violences.

Les hostilités, elles, n'avaient pas cessé un instant. La porte Maillot et les bastions voisins soumettaient à un véritable bombardement Neuilly, que les troupes de Versailles ne pouvaient se décider à abandonner complétement. Un combat acharné avait lieu, le 15 au matin, sur la bordure de Levallois, que l'armée régulière investissait en partie. Le 114e bataillon y fut singulièrement éprouvé, et son retour dans Paris causa une émotion douloureuse. Les batteries du Trocadéro paraissant définitivement insuffisantes contre le mont Valérien, on en établissait de nouvelles à la Muette, et Cluseret annonçait triomphalement qu'il possédait enfin des *engins de destruction suffisants*. Aveu cruellement naïf s'il en fut! Le château de Neuilly, où les soldats de Versailles étaient encore nombreux, devint l'objectif des batteries de Sablonville, qui le canonnèrent sans relâche pendant ces deux jours.

CHAPITRE XVI.

NOUVELLE PHASE DES OPÉRATIONS MILITAIRES.

(17 avril — 20 avril.)

Dans la nuit du 17, les troupes versaillaises, abandonnant Neuilly, sauf le château, se replièrent sur Courbevoie, s'installèrent sur le quai inférieur et, de là, commencèrent à mitrailler à grande volée les fédérés qui gardaient l'île de la Grande-Jatte. En même temps, achevant de déplacer le lieu de l'action principale, elles attaquèrent très-vigoureusement les avant-postes d'Asnières.

Cet engagement, un des plus importants du siége, mérite d'être conté avec quelque détail. La ligne de tranchée qu'occupaient les fédérés avait environ une longueur de deux kilomètres. Coupée par le chemin de fer, des maisons et des jardins, elle présentait la courbe d'un fer à cheval, commençant environ à cent cinquante mètres du pont et s'étendant, avec retour, sur la route de Courbevoie. Cent vingt hommes du 223e bataillon la gardaient, appuyés par deux barricades situées à l'arrière et défendues par soixante-dix hommes du 79e bataillon.

A cinq heures du matin, les batteries de Bois-Colombes et du mont Valérien couvrirent la tranchée de mitraille, tandis que les troupes, munies d'une forte artillerie volante, attaquaient les avant-postes et les batteries situées sur la voie du chemin de fer. Les barricades furent presque immédiatement abandonnées.

Activant son feu, l'armée de Versailles chassa vers la Seine les bataillons en désordre qu'un détachement de cavalerie poursuivit bride abattue.

Les fédérés se ruèrent alors vers le pont de bateaux qui semblait leur assurer un abri de l'autre côté du fleuve; mais les obus les y suivirent, précipitant dans l'eau nombre d'entre eux. C'est alors que le chef de légion Landowski, craignant que les soldats ne parvinssent jusqu'au bout du pont et ne traversassent la Seine à la suite des fuyards, eut la funeste idée de le faire rompre; l'ordre fut exécuté de suite et une partie des fédérés qui n'avaient pu passer encore demeura sur l'autre rive, livrée au feu des troupes de l'Assemblée.

Pour se sauver, ces malheureux tentèrent de ramener à eux la partie du pont qui avait été rompue et se noyèrent dans d'inutiles efforts, tandis que les autres cherchaient à gagner le talus du chemin de fer, en rampant sur les mains parmi les décombres. Ce fut une véritable débâcle.

Fidèle à une stratégie dont le secret est la prudence, l'armée de Versailles ne tira pas de son succès le parti qu'on pourrait croire, en occupant les postes abandonnés et le village lui-même. Elle se borna à établir dans la redoute, et auprès de la gare de Colombes, des batteries qui commandaient la voie ferrée et toute la plaine, puis s'installa solidement dans la presqu'île de Gennevilliers.

Pendant ce temps les fédérés se remettaient un peu de leur panique et les officiers parvenaient à rallier leurs hommes. Des omnibus pleins de munitions et des canons arrivaient sur le lieu du combat. A une heure et demie ils se portaient de nouveau sur Asnières, sous le feu des batteries de Courbevoie qui ne purent les empêcher d'armer une batterie de pièces de 7, au-dessous du pont, près de l'ancien cimetière. Ces pièces prirent pour objectif le château de Bécon, petite propriété en avant de Courbevoie, où les troupes de Versailles avaient installé, dès le matin. une batterie de mitrailleuses. Ils crurent un moment avoir éteint son feu, mais l'armée régulière tenait à cette position, qui devint par la suite un des points où elle massa son artillerie. Le résultat le plus important de la journée fut la concentration dans la presqu'île de Gennevilliers d'une masse considérable de soldats.

En évacuant Asnières, les fédérés se retirèrent sur Clichy. Ils continuèrent d'ailleurs à poursuivre la conquête de Neuilly, que les troupes de Versailles n'avaient pas complétement évacué. Un combat sanglant à l'arme blanche eut lieu le 18 aux abords du château.

Ce fut une chose horrible et répugnante à conter. Les marins y donnèrent des marques de cruauté peu honorables pour la cause de la Commune. Des pièces versaillaises étaient demeurées sur l'avenue de Neuilly. De nouvelles batteries furent établies sur les boulevards La Saussay et d'Argenson pour les battre. Le combat d'artillerie fut incessant toute la journée du lendemain entre les wagons blindés d'Asnières et les batteries de la rue Launay, à Levallois, d'une part, et les batteries du château de Bécon et celles du quai inférieur de Courbevoie, de l'autre. Un effroyable vacarme tenait Paris en émoi. Sur la rive gauche la canonnade était moins vive mais continue entre Issy et Meudon, Vanves et Châtillon, Bagneux et Montrouge. On pressentait une nouvelle attaque, qui n'eut lieu que quelques jours après.

Pour tenir ses officiers en éveil, la Commune institua le 17 une cour martiale dont le président était le colonel Rossel, ancien officier du génie, qui devait plus tard remplacer Cluseret à la place de Paris. Les autres membres étaient les citoyens Henry, Razoua, Collet, Chardon et Boursier, qui figuraient sur le programme avec des qualifications de fantaisie tout à fait réjouissantes. Son premier acte fut de condamner à mort le commandant Giraud, du 74e bataillon, qui, le 16 avril, avait refusé de marcher sur la porte Maillot, sous le prétexte vraiment frivole que ses hommes n'avaient pas mangé depuis vingt-quatre heures. Ce Giraud était un républicain de vieille date, victime du 2 décembre et ami de Delescluze qui contribua, sans doute, à faire commuer sa peine en celle de la dégradation.

L'invention de la cour martiale donna un nouvel élan aux instincts judiciaires de la vaillante jeunesse qui, servant la Commune, tenait avant tout à ne pas se battre pour elle. Tous les licenciés en droit qui avaient adhéré s'empressèrent de se faire nommer greffiers de ce nouveau tribunal, qui, comme on le voit par ses débuts, se prenait fort au sérieux. C'est une chose prodigieuse qu'on naisse procureur, mais le fait existe.

Ce 17 avril fut un jour à décrets, s'il en fut. Un autre institua des chambres syndicales pour se substituer aux patrons que la Commune accusait d'avoir lâchement abandonné leurs ateliers. Cette accusation était plaisante pour tous ceux qui savent que la garde nationale était allé les vider, en enrôlant violemment les ouvriers réfractaires. Les fantaisies judiciaires de la Commune étaient de la raison pure auprès de ses fantaisies économiques. Elle décrétait la prospérité comme la victoire et obtenait l'une et l'autre au même degré. Ses idées sur cette matière étaient beaucoup moins claires que celles de Proudhon, dont elle croyait sincèrement procéder. Tout lui était surprise et rien ne l'étonnait plus que les résultats de ses propres arrêts. Elle ne s'était pas aperçue qu'elle affamait Paris en en fermant toutes les portes qu'elle fit rouvrir ensuite, et, lorsque plus tard elle interdit le travail de nuit aux boulangers, elle exigea encore qu'on n'eût plus de pain frais.

Avec la connaissance du droit, la victoire et la prospérité, elle décrétait au besoin la science de l'enseignement. Les professeurs de l'École de médecine ayant interrompu leurs cours, elle convoqua les étudiants, les médecins et les officiers de santé pour en choisir d'autres par voie d'élection. Le jour où elle afficha ce risible appel, elle n'avait guère besoin que de vétérinaires. Les étudiants ne se dérangèrent pas. Quelques professeurs libres, fruits secs des examens réguliers, tentèrent de lancer la chose qui provoqua, de la part de la jeunesse des écoles, une protestation catégorique contre le pouvoir de l'hôtel de ville.

Les détritus du journalisme politique, qu'il avait ramassés parmi les culs de bouteille des brasseries, furent plus heureux dans leur œuvre de persécution à l'endroit des feuilles qui continuaient à dire la vérité. Le même jour la *Cloche*, le *Soir*, l'*Opinion nationale* et le *Bien public* étaient suspendus, et cinq mille ouvriers étaient mis sur le pavé par cette mesure humanitaire. Louis Ulbach, dont les sentiments républicains ne prêtaient, je pense, à aucun soupçon, fut poursuivi par ces insensés qui le traitaient de transfuge, bien qu'ils n'eussent jamais gardé de comité central ensemble, pour autoriser une telle familiarité.

Les considérants de l'arrêt de suppression étaient de véritables chefs-d'œuvre. Les journaux frappés étaient accusés tout ensemble d'avoir excité à la guerre civile et trahi le secret des opérations militaires. La vérité est qu'ils avaient obstinément poursuivi la conciliation et que, ne s'en rapportant qu'à demi aux bulletins triomphants de Cluseret, ils avaient dit la vérité sur les combats qu'ils avaient suivis de près. Quant aux combats à venir qui constituent *le secret des opérations militaires,* ils tenaient à honneur de n'être en rien les confidents du Comité central.

En même temps qu'on fermait les bureaux des journaux indépendants, on rouvrait le Louvre qui est moins dangereux et continue à conter les victoires françaises aux vaincus de la Prusse. Quand je dis que le Louvre fut *rouvert,* je ferais mieux de dire qu'on peut aller voir le *Naufrage de la Méduse* et quelques plafonds signés Blondel.

CHAPITRE XVII.

LES TYRTÉE DE LEUR ARRONDISSEMENT.

Trois arrondissements persistaient à n'envoyer à l'armée fédérée que les recrues qu'elle traînait de force par les rues : c'étaient le 1er, le 2e et le 6e; le 1er et le 2e qui avaient eu, trois jours durant, des velléités de résistance à main armée, le 6e qui commençait à se masser, dans le même but, quand le départ de l'amiral Saisset laissa les soldats de l'ordre en désarroi. A vrai dire, ces deux arrondissements avaient montré plus de courage que ceux qui laissaient opprimer, par l'armée du Comité central, une majorité de dissidents. Mais le courage ne suffisait pas au nouveau pouvoir. — Il lui fallait de *l'héroïsme*. Eh bien, le 1er et le 6e arrondissements n'étaient pas *héroïques* du tout. Les grands mots n'avaient pas le don de les faire vibrer et de les jeter sur un champ de bataille. Les Tyrtée ne leur manquèrent pas cependant.

Ceux du 6e arrondissement (quartier du faubourg

Saint-Germain) furent d'abord le cuisinier Laccord, qui vouait les réfractaires à *l'infamie*, puis le citoyen Combatz, ancien employé révoqué pour malversation, ce qui lui avait valu d'être nommé, de suite, par le Comité central, directeur général des télégraphes. Ce dernier fut d'un lyrisme inouï. Étant parvenu à faire marcher un bataillon et à lui faire tuer quelques hommes, il invita tous les autres à aller en sacrifier autant. C'était un moyen oratoire qui allait à l'encontre des bulletins de la guerre, lesquels n'avouaient jamais qu'un blessé et insinuaient encore qu'il s'était contusionné lui-même. Tout compte fait, le procédé Cluseret était meilleur que le procédé Combatz. Car l'annonce d'un danger sérieux réprima à jamais, dans son œuf, l'ardeur belliqueuse que le 6e arrondissement allait peut-être déployer.

Les Tyrtée du 1er avaient trouvé une formule dont je ne conteste pas le grand caractère, mais qui n'eut pas plus de succès :

Vivre en travaillant! mourir en combattant!

Les événements avaient rendu irréalisable la première des propositions de ce programme. Quant à la seconde, elle fut jugée malsaine à l'unanimité. Leur assemblage était d'ailleurs fort illogique, car les temps où l'on meurt une arme à la main ne sont généralement pas ceux où l'on pourrait vivre d'un outil.

C'est un art qui manqua absolument aux organes du Comité que celui de doser l'héroïsme suivant les quartiers. Il est vrai que tous, appartenant aux mêmes régions de Paris, ignoraient absolument l'esprit des autres.

Le 6e arrondissement, composé d'étudiants et de jeunes gens aisés, se vida subitement devant les invitations des citoyens Laccord et Combatz. Le 1er, où abondaient les employés attachés à un gagne-pain, continua d'opposer une force d'inertie très-grande aux efforts des recruteurs. Ceux-ci y employèrent tous les moyens. Je vis un garde vouloir appréhender un jour un malheureux petit saltimbanque de quinze ans qui dansait sur la corde, place du Théâtre-Français. L'enfant lui ayant ri au nez, cet énergumène dégaîna contre lui. Mais la foule indignée se jeta entre eux. Je dois à la vérité de dire que cet acte odieux souleva une protestation unanime et que ce furent d'autres fédérés qui traînèrent jusqu'au poste le furieux qu'un matelot suivait en lui battant la semelle sur le derrière.

Les abords des fortifications étaient plus dangereux encore, même quand les obus n'y pleuvaient pas. Un maître fumiste m'a conté que trois de ses ouvriers, accompagnant une petite voiture chargée, furent réquisitionnés près des Ternes, où ils allaient faire leur métier. Il fut décidé tout à la fois qu'ils prendraient un fusil et que leur véhicule serait utilisé pour la défense. Les malheureux protestèrent inutilement.

« Mais nous sommes Italiens », finit par dire l'un d'eux.

« Italiens ! Allons, c'est bon ! vous servirez comme garibaldiens ! » leur fut-il répondu.

L'idée de substituer ces gâcheux à Menotti Garibaldi très-inutilement attendu n'était-elle pas pleine de génie? Le fait est que les garibaldiens employés jusque-là étaient bien insuffisants. Tous parlaient argot et pas un italien. C'était en plein l'opérette de *M. Choufleury*. En voyant galoper sur de petits arabes qu'ils écrasaient ces rustres à chemise rouge et à plume verte, j'ai compris que le héros de Caprera ait répondu aussi froidement à l'invitation que lui avait faite le Comité de venir commander de pareils drôles. Dombrowski, bien que moins difficile et pour cause, ne paraissait pas lui-même infiniment flatté de chevaucher en pareille compagnie. Il s'entoura peu à peu d'aides de camp moins malpropres. Parmi les débris des armées de la défense perdus dans cette aventure, les seuls qui me fissent peine étaient les marins si résolus, si naïfs, des enfants pour la plupart!

CHAPITRE XVIII.

DÉCLARATION AU PEUPLE FRANÇAIS.

Le 20 avril, Paris put lire sur ses murs le programme de la Commune rédigé par celle-ci à l'usage des départements. Il put lire, dis-je, avec quelque étonnement qu'un des *droits* de ladite Commune était : la garantie absolue de la liberté individuelle, de la liberté de conscience et de la liberté du travail. Jamais la liberté individuelle n'avait été moins respectée ; la plupart des églises étaient fermées et les ateliers l'étaient tous. Jamais si grande distance n'avait séparé la théorie de la pratique. Mais remarquez bien : la garantie de toutes ces libertés-là est un *droit* de la Commune, qui constitue un gouvernement n'ayant que des droits et pas de devoirs. L'Empire n'entendait pas les choses autrement.

On apprit aussi qu'un des *droits* de la Commune était l'intervention permanente des citoyens dans les affaires publiques, *par la libre manifestation de leurs idées,* ce qui expliquait tout à fait pourquoi la presse était bâillonnée plus étroitement qu'elle ne le fut jamais sous Napoléon III. Il est vrai qu'il était dit ensuite que la Commune était seule chargée de *surveiller et d'assurer* le libre et juste exercice du droit de réunion et de publicité. Un droit dont un pouvoir *surveille* l'exercice n'est pas, ce me semble, librement exercé. Dans tous les cas, s'il est libre, il n'y a pas lieu de l'*assurer*. Ces phrases semblent cueillies dans le discours de réception à l'Académie française que prépare sans doute M. Émile Ollivier.

Ce qui suit est plus grave : L'autonomie de la Commune n'aura pour limite que le droit d'autonomie (?) égal pour toutes les autres Communes *adhérentes au contrat,* dont l'association doit assurer l'unité française.

Si les Communes de France ne sont jamais édifiées qu'en termes aussi clairs sur les clauses du contrat auquel elles doivent adhérer, il y a lieu de se demander sur quelles bases elles s'associeront. *Sunt verba et voces* que tout cela.

J'en dirai autant de ce passage : « L'unité politique telle que la *veut* Paris, c'est l'association *volontaire* de toutes les initiatives locales, le concours *spontané*, etc. » — Mais l'acte de volonté ne peut être objectif et subjectif à la fois. Une chose qu'un autre *veut* n'est ni *volontaire* ni *spontanée* de votre part, à vous. On ne décrète pas plus l'enthousiasme de la province qu'on ne décrète la victoire de ses propres généraux. Qu'est-ce que c'est que ce mépris constant du *fait* au profit d'un *droit* parfaitement discutable?

Et pourtant, au milieu de ce tas d'hérésies et d'insanités, une phrase m'a ému, malgré moi, dans cette page désordonnée :

« Cette fois encore, dit le manifeste, Paris souffre et travaille pour la France. »

Oui, cela fut vrai pendant le premier siége, dont les ennemis de Paris ont trop vite oublié les héroïsmes et les sacrifices. Cela eût peut-être été vrai encore si, jetant à bas le pouvoir sans aveu du Comité central, Paris tout entier, poursuivant par tous les moyens légaux l'accomplissement de réformes municipales nécessaires, eût réalisé une *Commune* type dont les grandes villes auraient pu étudier les rouages complexes et juger l'expérience.

Mais, après ses illégalités sans nombre et sa carrière d'aventures, la Commune dérisoire du 26 mars avait tort de prétendre à cela.

CHAPITRE XIX.

SUR LES DEUX RIVES.

(20 avril — 25 avril.)

Ce fut une ère de combats sans résultats définitifs, une extension des opérations militaires qui gagnèrent en étendue sur la rive droite, en profondeur sur la rive gauche, en intensité des deux côtés. Elles mirent en relief les incertitudes de l'attaque et l'opiniâtreté de la défense, qui en suivait les indications avec plus de naïveté que de génie. Jamais la guerre ne fut faite avec plus d'ingénuité. Jamais non plus elle ne fut moins meurtrière, relativement aux moyens de destruction employés. Les mauvais plaisants du quartier Latin avaient inventé pour le fort d'Issy la locution proverbiale : *Brûler sa poudre aux Moulineaux.* On aurait pu en chercher une semblable pour le mont Valérien, dont la besogne n'égalait pas le bruit. J'entends la besogne utile, car il ne se passait pas d'heure qu'il n'effondrât une maison ou ne blessât un passant. Mais tout cela est pur hors-d'œuvre et menu propos.

Le 20 cependant, trois opérations eurent lieu. La première fut une pointe de l'armée de Versailles, qui enleva brillamment l'épaisse barricade armée de six canons qui défendait la grande rue conduisant du parc de Neuilly à la porte Maillot. Cela eut lieu le matin, et le soir n'était pas venu que les fédérés, conduits par Dombrowski, regagnaient une partie du terrain et reprenaient deux de leurs canons. La seconde fut une marche en colonne des troupes régulières par l'avenue d'Inkermann. Les gardes nationaux voulurent profiter de ce mouvement pour s'avancer à gauche et à droite; à gauche, ils furent arrêtés de suite par les mitrailleuses; à droite, ils allèrent plus loin et tentaient même un mouvement tournant quand les obus de Courbevoie les forcèrent à y renoncer. Les soldats avaient cependant perdu un peu de terrain sur cette aile. Mais la troisième période du combat, qui dura toute la journée, fut l'arrivée des troupes fraîches qui permirent aux soldats de l'Assemblée de reprendre leur mouvement sur toute la ligne.

Le résultat de la journée fut de ce côté à leur avantage, car toute la rive gauche de la Seine, du château de Bécon formidablement armé à Neuilly, leur appartenait désormais.

Pendant ce temps le fort de Montrouge était menacé par des démonstrations continuelles. Des forces importantes paraissaient massées à la Croix-de-Berny et dans la direction de Villacoublay et les patrouilles de chasseurs d'Afrique s'avançaient parfois jusqu'à une portée de fusil. Ému de ce déploiement, le fort tirait à toutes volées, mais les troupes de Versailles ne se retiraient que pour revenir. Elles parvinrent, en se dissimulant, jusqu'aux abords de la maison Millaud, célèbre dès le premier siége, et la canonnèrent avec fureur. Les fédérés, qui y avaient leurs avant-postes, furent obligés de demander du renfort à Montrouge, mais gardèrent la position, tout en y perdant du monde. Abrités par la dernière barricade de la route, les soldats de l'Assemblée les criblèrent tout le jour de balles qui sifflaient jusqu'à l'entrée du petit chemin d'Arcueil. Une longue canonnade suivit le bruit de la mousqueterie. Tout ceci n'était encore qu'une menace que le fort conjurait de ses plus grosses pièces.

Le lendemain, le mouvement des troupes versaillaises dans la presqu'île de Gennevilliers s'accentua vivement. Dans la nuit, les mouvements de troupes avaient pris un tel développement, que Paris crut à une attaque générale de ce côté. Le rappel fut battu aux Ternes et à Batignolles; les pièces transportées depuis trois jours sur les remparts furent mises en batterie et dirigée ssur Gennevilliers. La nuit fut cependant calme, plus calme en apparence que les précédentes, le silence étant rompu seulement par la batterie d'Asnières, qui poursuivait son duel avec le château de Bécon.

A sept heures du matin, les colonnes versaillaises s'ébranlèrent, marchant dans le sens de la Seine, vers

Clichy et Saint-Ouen. Un pont de bateaux fut jeté au-dessus de Clichy, au point où la Seine est la plus étroite, et, favorisés par le temps brumeux, les soldats de l'Assemblée purent s'avancer dans le village. Le plan était clair : Clichy pris, Levallois pouvait être cerné et les troupes fédérées qui se trouvaient sur la rive droite, en face d'Asnières, étaient coupées du reste de l'armée.

Dombrowski, prévenu du mouvement, rassembla cinq bataillons à la hâte et fit, le premier, irruption dans Levallois, si bien que, la marche des troupes régulières étant singulièrement retardée par le feu des remparts, armés dans cette région de grosses pièces, il arriva à temps pour leur barrer le passage. L'opiniâtreté fut grande des deux côtés. Ayant placé des batteries volantes pour contre-battre l'artillerie du rempart, les soldats de l'Assemblée, après s'être renfermés dans Clichy, tentèrent par deux fois de passer. Ils furent arrêtés plutôt par le feu des bastions que par la fusillade de Levallois, mais durent repasser la Seine et regagner leurs retranchements.

Ce fut une des seules opérations nettement dessinées de cette partie de la campagne. Elle fit honneur à la fois aux généraux de Versailles, dont le plan était digne de succès, et à la vigilance de Dombrowski, qui parvint à le déjouer.

La journée du 23 se passa sans incident remarquable. Les forts du sud, se sentant sous une menace incessante, continuèrent leur tapage, un peu comme un enfant qui chante pour dissiper l'effroi des ténèbres.

On se sentit plus que jamais les coudes sur le chemin d'Asnières à Neuilly. La nuit fut calme. Une affiche de Cluseret annonçait une suspension d'armes pour le lendemain. On crut à un commencement d'armistice de fait.

Mais la matinée du 24 ne laissa aucune illusion sur ce point. Le mont Valérien et toutes les batteries versaillaises saluèrent l'aurore par un redoublement de vacarme. Neuilly, l'avenue Uhrich, l'avenue Friedland, l'avenue de Wagram et celle de la Reine-Hortense furent couverts de projectiles. Asnières fut attaqué une fois de plus et les fédérés y perdirent quelques hommes. Une patrouille surprise sur le chemin de Châtillon fut fort maltraitée par les gendarmes. On crut à la violation d'une convention acceptée de part et d'autre, ne supposant pas que le commandant de la place eût jugé devoir annoncer officiellement un armistice consenti par lui seul. — C'était cependant la réalité.

Croyant à un jour de répit, les fédérés avaient commencé à rétablir sur les buttes Montmartre les batteries de grosses pièces que les marins y avaient dû servir pendant le blocus prussien, et l'administration militaire, ne trouvant plus *suffisants* les engins de M. Cluseret, faisait appel aux inventeurs, aux chimistes, aux artificiers, aux mécaniciens, à tout ce qui pouvait lui donner une bombe nouvelle ou un canon nouveau. Je ne puis m'empêcher de penser à ce qu'une telle activité eût pu faire contre le réel ennemi, servie par une bonne volonté générale qui manquait absolument à l'action de la Commune.

CHAPITRE XX.

GAVROCHE IMMORTEL.

Celui-là avait seize ans et était clairon. Il n'était pas du tout jaune comme un vieux sou, mais blanc et rose avec des tons vivants comme ceux d'un museau de cheval.

Sa trompette en sautoir, il faisait la roüe à vingt pas d'une escouade de tirailleurs, et le cuivre sonnait à chaque tour sur sa tête, assez dure pour que ce jeu l'amusât.

On allait en reconnaissance jusqu'à une barricade du boulevard Bineau qui semblait abandonnée. L'enfant la gravit en continuant son exercice, si bien qu'il parvint au sommet, les jambes en l'air, quand il se sentit vigoureusement appréhendé au pantalon.

Violemment attiré de l'autre côté, il tomba dans un groupe de soldats en embuscade derrière les pavés. Ceux-ci lui arrachèrent bien vite son clairon pour qu'il ne pût sonner l'alarme. Mais le voyou se dégagea par un effort désespéré de leurs mains où il laissa le reste de ses habits, et, moderne Joseph, apparut de nouveau, presque nu, en haut du tas de pierres, criant à tue-tête : « N'avancez pas! je suis prisonnier! »

Se voyant découverts, les soldats ouvrirent le feu. Le capitaine, qui marchait de quelques pas en avant de ses hommes, tomba le premier mortellement frappé. Deux autres furent atteints, mais le reste put s'abriter et riposter à couvert.

Lui, suivant au galop la crête de la barricade où le feu crépitait sous ses pas, gagna une maison voisine, se sauva sous le toit, de là en gagna un autre, fit tout ce qui concernait son état d'écureuil volontaire, et, quand il se jugea hors de danger, cria d'une voix gouailleuse aux soldats : « Eh ! là-bas ! mon clairon, s'il vous plaît ! »

Il avait sauvé toute une compagnie. De celui-là on peut louer sans réserve l'héroïsme, car il était inconscient. Le courage a d'ailleurs, comme les métaux précieux, sa valeur intrinsèque, qui ne gagne qu'une forme conventionnelle au monnayage de l'éducation.

CHAPITRE XXI.

DEUX SÉANCES DE LA COMMUNE.

Ces séances étaient publiques depuis le 10 avril, en ce sens que l'*Officiel* en publiait le compte rendu. Ce sont celles du 22 et du 24, dont je vais transcrire ici quelques extraits, qui seuls peuvent donner une juste idée de cette succursale de la cour de feu Pétaud.

Le 22, on était au lendemain de la démission de Félix Pyat, qui avait fait de la validation des élections du 15 une question de cabinet (comme son propre journal), et au lendemain de la suppression de quatre feuilles quotidiennes importantes.

Le citoyen *Vermorel*. — « Citoyens, je crois que la publicité a en elle-même sa moralité (*tant pis pour l'orateur*). Nous avons reçu la démission de Félix Pyat, mais cela ne le dispense pas de la responsabilité des actes auxquels il a participé. Le *Vengeur* d'hier blâme avec force la suppression de plusieurs journaux : je tiens à constater que cette mesure a été approuvée ici par le citoyen Pyat, et qu'il en a même, dans une certaine mesure, pris l'initiative (*ô confrère exquis!*) Il faut qu'on le sache, et je demande que mon observation, qui est une observation de moralité politique (*tu quoque Vermorel!*) soit insérée à l'*Officiel.* »

Le citoyen *Régère* donne un démenti formel au citoyen *Vermorel.*

Le citoyen *Vermorel.* — « Indépendamment de ce qui a eu lieu dans cette assemblée, la Commission exécutive avait, par l'organe de Félix Pyat, fait cette motion. »

Le citoyen *Régère* (avec aigreur). — « Je ne sais ce qui se passe dans les cénacles, moi! »

Les citoyens *Régère* et *Vermorel* échangent quelques injures.

Le citoyen *Régère.* — « On calomnie des absents. »

Plusieurs membres. — « Il n'y a pas de calomniateurs ici. »

Le président *Varlin* rappelle à l'ordre le citoyen *Régère.*

Le citoyen *Mortier.* — « Il a été décidé antérieurement qu'il serait bien convenu qu'aucune démission ne serait admise (*ô sainte liberté!*), et je ne sais pas pourquoi le citoyen Félix Pyat, qui était présent lorsque la mesure sur les journaux a été prise, donne aujourd'hui sa démission. »

Le citoyen *Babick.* — « On a dit que toutes les démissions seraient regardées comme des trahisons. » **(Ouf!)**

Le citoyen *Mortier*. — « On ne doit pas quitter son poste, quand c'est un poste de péril et d'honneur. »

Le citoyen *J.-B. Clément* (dit *le Mal Nommé*). — « Voilà mon opinion sur l'incident. Le citoyen Félix Pyat a toujours été, et je ne l'en blâme pas, pour les mesures énergiques. Eh bien, je trouve étrange qu'aujourd'hui il nous accuse, et, non-seulement au sujet de la presse, mais il y a encore dans son journal un blâme au sujet des citoyens. (*Phrase mal construite, citoyen Clément.*) Eh bien (*on n'avait pas bissé*), je dis qu'il est indigne du citoyen Félix Pyat de déserter ainsi la cause. Vous avez arrêté des gens pour bien moins. (*Le doux aveu!*) Je demande formellement l'arrestation de Félix Pyat. »

. . . .

Suivons bien! Vous voyez le crescendo. Celui-ci blâme. Celui-là prononce le mot de *trahison*. Le mot d'*arrestation* ne coûte pas plus au troisième. Il est juste de dire que la proposition du citoyen Clément, dit *le Mal Nommé*, fut très-mal accueillie par les citoyens Clémence et Arnould.

Mais poursuivons les citations.

Le citoyen *Blanchet*. — « Je constate que, depuis quelques jours, la Commune se fait du tort, en n'agissant pas assez, et, si elle n'agit pas, la révolution est compromise. Nous n'employons pas les moyens révolutionnaires (*Vous êtes difficile, monsieur Blanchet!*), et, pendant ce temps, les réunions réactionnaires s'organisent. Moins de décrets, plus d'exécution (*Au singulier, j'espère*). Où en est le décret sur le jury d'accusation? et la loi sur les réfractaires non appliquée ? et la colonne de la place Vendôme qui n'est pas encore abattue? (*Le fait est que cette derniere omission compromet la défense.*)

« On le dit : La Commune n'est pas révolutionnaire, et l'on a raison. (*Ce ne sont pas les mêmes qui font les deux choses, citoyen Blanchet.*) Les réactionnaires prennent de la force. (*Oui, par vos sottises.*) Citoyens, nous faisons beaucoup de décrets qui ne sont pas exécutés. (*La belle avance!*) Eh bien, nous devons compte de notre mandat à nos électeurs; vous l'avez vu quand vous avez convoqué les électeurs. »

Le citoyen *Delescluze* répond que tout le monde est coupable de ces lenteurs dues à de ridicules *querelles de galons*. Il se plaint que l'élément militaire domine au détriment de l'élément civil, et termine son allocution par ces mots que je n'ai nulle envie de railler, sachant de quelle sincérité ils témoignent :

« Pour moi, je suis décidé à rester à mon poste, et, si nous ne voyons pas la victoire, nous ne serons pas les derniers à être frappés sur les remparts ou sur les marches de l'hôtel de ville. »

La séance du 24 fut consacrée surtout à la discussion de la mise au secret des accusés. Le passage que je cite met en relief l'antagonisme entre deux éléments de la Commune : l'un, le plus nombreux, l'élément violent que M. Raoul Rigault représentait sous des dehors calmes; l'autre, l'élément humanitaire que M. Arnould ne cessa de soutenir avec une vivacité vraiment honorable pour son caractère.

Le citoyen *Raoul Rigault*. — « Hier, en mon absence, vous avez déclaré que tous les membres de la Commune auraient le droit de visiter tous les détenus. D'accord, en cela, avec le Comité de contrôle que vous m'avez adjoint, je demande à ce que vous reveniez sur le vote d'hier, au moins en ce qui concerne les individus au secret. Si vous maintenez votre vote, je serai donc forcé de donner ma démission (toujours la question de *cabinet*), et je ne pensê pas qu'un autre puisse, dans une pareille situation, accepter une pareille responsabilité. »

Cet accès de modestie déplut à la Commune, qui méprisait pourtant fort l'humilité. Personne ne protesta contre la démission du citoyen Rigault.

Le citoyen *Arthur Arnould*. — « Des paroles du citoyen Rigault, il ressort que le secret a été maintenu. Je proteste énergiquement. Le secret est quelque chose d'immoral. C'est la torture morale substituée à la torture physique. Eh bien, au nom de notre honneur, il faut décider immédiatement qu'en aucun cas, le secret ne sera maintenu. Même au point de vue de la sûreté, le secret est inutile : on trouve toujours moyen de communiquer. Nous avons tous été mis au secret sous l'empire, et pourtant nous sommes parvenus à communiquer avec le dehors et même à faire insérer des articles dans les journaux.

« Il y a là une question de moralité; je le répète, nous ne pouvons ni ne devons maintenir le secret, mais l'instruction doit être publique. (*Ce n'était pas une com-*

pensation pour le citoyen Rigault.) J'insiste à ce sujet et j'en fais l'objet d'une proposition formelle.

« Je ne comprends pas que des hommes qui ont passé toute leur vie à combattre les errements du despotisme, quand ils sont au pouvoir s'empressent de tomber dans les mêmes fautes. De deux choses l'une : ou le secret est une chose indispensable et bonne, ou elle est odieuse. Si elle est bonne, il ne fallait pas la combattre, et si elle est odieuse et immorale, nous ne devons pas la maintenir. »

Ces paroles généreuses trouvèrent peu d'échos dans l'auditoire. C'est une chose surprenante, mais jamais assemblée ne fut moins *vibrante* que celle-là, composée pourtant d'éléments jeunes, mais nés avec des âmes de procureurs. Écoutez plutôt la réponse du citoyen Rigault.

Le citoyen *Rigault*. — « Quand on n'a pas vu le dossier d'un homme emprisonné, on peut se laisser attendrir par ses paroles, par des questions de famille, d'humanité. »

Et la remarque subtile du citoyen *Vermorel* (*Pouah !*)

Le citoyen *Vermorel*. — « Citoyens, je crois qu'au point de vue de la question de principe, le secret ne peut être maintenu ; mais, d'un autre côté, si vous arrêtez quelqu'un au point de vue politique, il est évident que c'est un ennemi que vous arrêtez (*à moins que vous ne vous trompiez, bombyx à lunettes*). Or, si vous supprimez le secret, comment voulez-vous retrouver les complices ? Quand j'ai protesté contre le secret sous l'empire, c'est que j'étais détenu arbitrairement (*on dit même volontairement, citoyen Vermorel*), mais je ne crois pas que quelqu'un ait jamais demandé la suppression absolue du secret; car alors l'instruction devient impossible. »

Le citoyen *Rigault*. — « Je déclare que c'est par suite de l'impossibilité que je trouve à concilier la position qui nous est faite avec les nécessités du service que je maintiens ma démission. Je demande que l'on vote, de suite, sur mon remplacement. »

Le citoyen *Babick*. — « Je demande à faire une proposition. Je demande que le citoyen Arthur Arnould qui a si vivement défendu l'opinion contraire à celle du citoyen Rigault soit nommé à sa place à la sûreté générale. »

On ne rit pas (assemblée de vieillards de vingt ans, va!), mais le citoyen Andrieu fait remarquer, très-sérieusement, qu'on ne saurait obliger quelqu'un à accepter toutes les fonctions dont il a critiqué l'exercice chez les autres. D'abord la loi sur les cumuls deviendrait inapplicable aussitôt :

C'est la moralité de cette comédie.

Ces deux exemples m'ont paru propres à édifier sur le ton général des conversations de la Commune. Sur un fond terne de discussions sans portée, parce que la méthode scientifique leur faisait absolument défaut, éclataient, çà et là, quelques protestations courageuses du citoyen Arnould ou quelques déclarations parfaitement convaincues de M. Delescluze; puis l'ombre se refaisait sur ces éclairs. Et notez que les bien intentionnés étaient quelquefois en majorité dans ce cénacle, mais ils étaient impuissants à force d'ignorance. On peut dire que la Commune a été plus compromise par ses sottises que par l'illégalité de son origine. N'avoir pour soi ni le droit ni l'intelligence, c'est vraiment trop peu pour réussir. En politique, les aventuriers qui témoignent d'un esprit pratique sont souvent moins à craindre que les hommes d'une situation plus régulière, mais absolument imbéciles. La raison en est que le mal que vous feront les premiers sera nécessairement limité par leur intérêt, tandis que celui que les bêtes vous peuvent faire est illimité comme leur propre bêtise. Mais ceux-là avaient tout ce qu'il faut pour faire le plus de mal possible, n'ayant pas le prestige de l'occupation légitime et encore moins celui du génie.

On a vu comment les démissions étaient offertes à tout propos et concluaient toutes les querelles. On sait ce qu'il advint de celle de M. Félix Pyat. Après en avoir profité deux jours pour traiter, dans son journal, avec l'indépendance de cœur qui le caractérise, ses anciens collègues, il se laissa toucher par les supplications du conseil de la 10e légion, et les pleurs d'une députation de citoyennes, et reprit sa place. Cincinnatus n'abandonna pas sa charrue, mais il la rattela à la vache du citoyen Gambon. Quant à M. Raoul Rigault, il ne persista dans la sienne qu'après s'être assuré une place dans le Comité de surveillance générale, qui ne restreignait en rien les horizons ouverts à sa nature uniquement policière.

L'élément nouveau introduit, dans le Conseil, par les élections supplémentaires n'en modifia pas sensiblement les errements. M. Courbet y apporta ses énormes prétentions au bon sens et le singulier bonheur de mots qui fait, de ce Parisien du Danube, un paysan accompli. Le citoyen Andrieu, pareil à Polyphème, grommela, sans relâche, contre la Galatée de l'hôtel de ville, blâmant à tort et à travers, et dans un très-mauvais français.

CHAPITRE XXII.

SUSPENSION D'ARMES.

(25 avril.)

Nous avons dit comment le général Cluseret avait annoncé, pour le 24, une trêve qu'un redoublement d'hostilités remplaça. Tout n'était pas cependant invention pure dans cette nouvelle. Depuis quelques jours déjà, les membres de l'*Union républicaine des droits de Paris* poursuivaient, à Paris et à Versailles, la conclusion d'un armistice de quelques heures, destiné à donner aux habitants de Neuilly bombardés sans relâche depuis deux semaines le temps de se soustraire à ce continuel danger. Le 25, dès l'aube, une affiche annonça à tout Paris qu'il y aurait suspension d'armes de neuf heures du matin à cinq heures du soir. Elle devait avoir lieu sous la surveillance de quatre membres de la Ligue, dont deux étaient délégués près l'armée de Paris, et deux près l'armée de Versailles. Les premiers furent M. Bonvalet, ex-maire du 3e arrondissement, et M. Stupuy, homme de lettres; les seconds, MM. Adam et Loiseau-Pinson, appartenant tous deux à l'ancienne municipalité. Leur mission était de dénoncer tout mouvement de troupe rompant la condition essentielle de l'armistice.

Les belligérants témoignèrent de leur animation en continuant le feu jusqu'aux limites exactes de la trêve. A neuf heures moins quelques minutes, un obus éclatait encore dans l'avenue de la Grande-Armée, puis le silence se fit. Une foule immense remonta immédiatement les Champs-Élysées. On pensait que la sortie des malheureux bombardés aurait lieu par la porte Maillot; mais la porte Maillot était en ruine, et les dégâts étaient tels tout autour, qu'on avait dû interdire ce passage. C'est donc par la porte des Ternes qu'eut lieu l'évacuation.

C'est seulement le matin, par les journaux, que les habitants de Neuilly avaient appris qu'ils pouvaient enfin sortir de leurs caves et chercher un asile à Paris. D'innombrables voitures de toutes sortes se portèrent de ce côté, les déménagements commencèrent, et, vers midi, une véritable procession de véhicules absolument déformés par les paquets descendit le faubourg Saint-Honoré; ils s'avançaient lentement, pareils à des cristallisations gigantesques, et beaucoup prenaient le chemin du palais de l'Industrie.

C'est là qu'une commission avait pour objet de distribuer, entre les différentes mairies de Paris, ceux des réfugiés qui se trouvaient sans domicile, un décret de la Commune du même jour mettant à leur disposition les appartements vacants. Parmi les plus intéressants se trouvaient assurément les pauvres enfants d'un pensionnat d'infirmes que des religieuses tenaient à Neuilly. Ces malheureuses jeunes filles, qu'un double malheur accablait, arrivèrent exténuées, quelques-unes, les plus impotentes, sur des brancards. C'était navrant. Un bataillon de la garde nationale qui gardait le Palais eût bientôt fait de leur distribuer une partie de ses vivres, avec une cordialité touchante et des attentions vraiment paternelles. Quel spectacle fait pour consoler un peu de ceux de la veille et de ceux du lendemain !

Un courant en sens contraire du courant descendant remontait les avenues du quartier : c'était celui d'habitants de Neuilly qui, s'étant réfugiés à Paris au début du bombardement, et ayant laissé leurs maisons inhabitées, venaient en constater les dégâts et y chercher les objets de première nécessité. Ceux-là durent passer par la porte Bineau, tant était dense l'encombrement de l'avenue des Ternes. Beaucoup ne purent parvenir à leur but et durent charger de leurs commissions de plus heureux qu'eux. Une dame fort élégante confia à un égoutier le soin de lui rapporter ses bijoux. M. Floquet faillit être arrêté malgré sa carte blanche, et beaucoup de réfractaires profitèrent de ce désordre pour s'échapper de Paris.

Il faut en convenir, mais c'est avec une mauvaise humeur marquée que les habitants de Neuilly effectuèrent une émigration qui leur faisait présager une destruction à peu près complète de leurs immeubles. J'en ai entendu qui allaient jusqu'à dire qu'ils se trouvaient fort bien dans leurs sous-sols et qu'on s'était mêlé de leurs affaires mal à propos, en les y venant déranger. Les propriétaires sont comme ça. Quelques-uns, non contents de ne pas profiter de l'armistice pour eux-mêmes, voulurent empêcher leurs locataires de rien déménager, invoquant l'absence de congés donnés à temps. Cette prétention fut généralement mal accueillie.

La Commune venait justement, ce jour-là, de rendre un décret qui, faisant, des huissiers, des fonctionnaires à traitement fixe, allait singulièrement retenir leur zèle. Cette mesure ne pouvait manquer d'être populaire à Paris. Grâce à cette nouvelle et au silence du canon, on se crut, ce jour-là, dans le meilleur des mondes. L'armistice ne s'étendait pas cependant aux forts du sud, qui tirèrent toute la journée. Mais un vent bienveillant emportait au loin leur vacarme et leur fumée.

CHAPITRE XXIII.

ÉMILE DESCHAMPS.

C'est à Versailles qu'il mourut, sur ces entrefaites; mais c'est à Paris que les lettrés lui donnèrent un souvenir digne de sa mémoire. Il avait tout près de quatre-vingts ans, et avait été un des illustres de l'école romantique, aussi illustre au début que Victor Hugo qui serait, d'ailleurs, aussi oublié que lui, s'il ne s'était renouvelé sans cesse. Il avait fait d'excellents vers et continuait d'aimer les bons. Son œuvre est assez considérable pour qu'on puisse espérer d'en extraire quelques pages qui défient le temps.

C'était le plus aimable vieillard du monde, très-bienveillant aux jeunes, aimant la retraite et la société tout à la fois, rêveur par métier et mondain par habitude. Il était très-logique qu'il mourût alors que la France était remuée comme un champ qu'on laboure et infestée d'insupportables bavards.

Il avait choisi Versailles, entre toutes les villes,

pour son silence et ses souvenirs, qu'il avait la faiblesse de trouver grands. Le fait est que, par comparaison avec le tohu-bohu actuel, le règne du roi Soleil avait du bon pour les poëtes. Je ne plains plus autant Molière d'avoir cloué les tapis de Louis XIV, quand je pense aux déplorables vers que la passion politique continue d'inspirer. Il est clair cependant que la dignité des artistes a gagné quelque chose depuis ce temps.

Émile Deschamps, lui, eût été dans son élément réel à l'hôtel de Rambouillet, parmi les beaux esprits dont il avait le précieux et l'ingéniosité..

Aveugle comme Homère, c'est le dernier homme qui ait pu mettre le mot *lyre* dans un vers sans être ridicule.

CHAPITRE XXIV.

AUTOUR DES REMPARTS.

(26 avril — 29 avril.)

Le canon se pressa moins de sonner la fin de l'armistice que son début. La soirée du 25 fut donc calme et tout Paris respira, espérant que la suspension d'armes serait prolongée et qu'il en résulterait peut-être un accommodement. On s'endormit sur ce joli thème à rêves pacifiques, philanthropiques et doux. L'aube les dispersa d'un pli de sa robe blanche, et la canonnade du lendemain fut plus violente que jamais, sur toutes les positions de l'armée fédérée. Celle-ci prit dans ce combat d'artillerie une façon d'offensive. Issy qui n'avait pas encore souffert sérieusement, secondé par la batterie du château de l'Épine, bombarda Meudon et le Moulin-à-Pierre, qui ne riposta que faiblement. Les canons de la douane et les batteries flottantes firent rage contre Breteuil et Brimborion, sans émouvoir davantage les assaillants. A dix heures, les canonnières embossées en avant du viaduc d'Auteuil se mirent de la partie. A onze heures, la fusillade, très-maigre d'abord, gagna du terrain et se propagea tout le long de l'île de Billancourt, tandis que le mont Valérien envoyait, sur les bastions d'Auteuil, quelques-uns des énormes projectiles de ses pièces de marine. Le feu de l'armée de Versailles augmenta constamment d'intensité jusqu'au soir, où les obus recommencèrent de pleuvoir sur l'avenue de la Grande-Armée.

Sur la rive gauche aussi, l'artillerie de l'Assemblée observa un *crescendo* analogue. A peine avait-elle répondu jusqu'à midi, bien qu'elle eût une batterie puissante sur le flanc droit de Châtillon, trois dans les bois de Clamart et trois autres encore au sommet du village de Meudon.

A trois heures, ces sept batteries ouvrirent à la fois le feu contre le fort d'Issy. Une heure après, bien que soutenu par une batterie établie sur le chemin de fer et par les canons du rempart, il était réduit au silence. Ce fut un véritable foudroiement. Les canons qui l'appuyaient durent également se taire, et les canonnières seules, embossées sous les arches du viaduc, continuèrent à tirer utilement sur Meudon. Mais à cinq heures les munitions leur manquèrent. A sept heures, Châtillon et Clamart donnèrent un peu de répit au fort d'Issy, dont les obus de Meudon vinrent encore secouer les décombres. Il n'y avait plus de doute sur le plan des généraux de Versailles : c'était là le premier fort destiné à être sacrifié.

Le bombardement dura toute la nuit, moins violent, mais sans relâche. Les batteries de Clamart, de la Tour-à-l'Anglais et de la carrière de Moulins canonnèrent sans trêve. Châtillon tourna son feu vers le fort de Vanves, qui répondit peu. A minuit la fusillade s'éveilla et courut tout le long du chemin de la gare de Clamart aux Moulineaux, en passant par Issy. Les fédérés crurent à un assaut qui n'était sans doute qu'une feinte, car la mousqueterie se tut bientôt et le bombardement reprît son cours avec une sinistre régularité. Dans la matinée du lendemain, il reprit son allure violente, mais fut interrompu deux fois par une pluie torrentielle. Tout l'intérêt se concentrait sur ce point, bien que la canonnade fût très-vive aussi entre la porte Maillot et des batteries de Courbevoie, et qu'une escarmouche ait eu lieu au pont d'Asnières. Une barricade qui commençait à s'élever sous l'arc de triomphe parut devenir l'objectif principal de la batterie de Courbevoie qui la canonna toute la journée, tandis que le mont Valérien —l'*entêté*, comme on disait à l'hôtel de ville—réservait ses présents à la porte des Ternes.

Sur toute la ligne, les bastions répondaient avec vigueur,

La nuit fut encore troublée sur la rive gauche par une fausse attaque de l'armée de Versailles, dont le plan était bien décidément de harceler les défenseurs des forts en les tenant sans cesse en éveil. Celle-là eut lieu sur une étendue beaucoup plus grande que celle de la nuit précédente, qui avait eu Clamart pour théâtre; car une fusillade continue, mêlée au crépitement des mitrailleuses, parcourut toute la ligne de défense, de Clamart à Montrouge, en passant par Vanves. Bicêtre et les Hautes-Bruyères durent même intervenir. L'explosion des boîtes à mitraille assourdissait l'air dans tous les sens.

Cela dura de dix heures à minuit. Les combattants avaient gardé leurs positions respectives, mais il était constaté que les troupes de l'Assemblée avaient allongé leur base d'opération.

La canonnade continua toute la nuit. Comme un vaisseau désemparé qui lance furieusement ses dernières bordées, le fort d'Issy, si éprouvé depuis deux jours, tira sans relâche. Les canonnières et la batterie flottante qui s'étaient abritées sous le viaduc du chemin de fer de ceinture eurent à lutter contre une batterie nouvelle que les troupes de Versailles avaient établie au Val-Fleury et qui les battait directement. Le plus grand nombre des projectiles tombaient dans le fleuve où ils soulevaient de massives gerbes d'eau, illuminées au sommet comme les pics d'un paysage lunaire.

Les batteries versaillaises s'étendaient alors au sud, jusqu'à la côte de Bercy, près de la Belle-Épine. Vers le nord-est, elles atteignaient la presqu'île de Gennevilliers. Au point central de ce vaste arc de cercle, le mont Valérien, silencieux toute la matinée, commença à midi un feu nourri dans la direction de Levallois, et le continua tout le reste du jour.

La nuit suivante fut relativement calme pour les forts du sud. Issy en profita pour réparer son parapet détruit et remettre en batterie les pièces démontées. Le lendemain, 29 avril, il ouvrit, à quatre heures du matin, un feu violent sur Meudon. Le bombardement reprit aussitôt avec son intensité accoutumée. Les canonnières, que la batterie du Val-Fleury avait chassées du viaduc, s'amarrèrent le long des quais de Grenelle et d'Auteuil et ne soutinrent plus les opérations des défenseurs de la rive gauche.

Sur toute la ligne de défense, la matinée donna lieu à un combat d'artillerie que quelques décharges de mousqueterie varièrent seules. Après une accalmie relative qui dura de six à neuf heures, le feu reprit sur toute la ligne. Des bois de Meudon, du parc d'Issy, des taillis des Moulineaux que baignait un clair soleil, s'élevaient de petites sphères de fumée, légères comme des bulles de savon et plus vite encore évanouies. C'était la fusillade dont les fédérés tentaient de troubler les travaux des assaillants. Cela dura jusqu'au soir qui enveloppa des mêmes brouillards la forêt et les combattants, les hommes et le paysage. Sans avoir positivement gagné de terrain ce jour-là, les troupes de Versailles avaient consolidé les positions antérieurement prises et rivé quelques clous de plus à la couronne de fer dont elles étreignaient Paris. Pendant ce temps le citoyen Viard n'hésitait pas à déclarer, dans l'*Officiel*, que le prix des vivres allait sensiblement diminuer. — Était-ce par suite de l'investissement? — Le fait est que la prophétie du citoyen Viard, préposé aux subsistances, ne se vérifia nullement. Son optimisme était d'ailleurs tout personnel, car la Commune accumulait les mesures désespérées. Le 26, elle frappait du droit postal de Paris pour Paris les correspondances venues de province et de l'étranger par l'entremise de particuliers. Le 27, reconnaissant que son décret de levée en masse était demeuré sans effet, elle réorganisait la garde nationale en combinant le triple effort des municipalités, du Comité central et des chefs de légion, contre les réfractaires. Le 29, elle exigeait des compagnies de chemin de fer la somme de deux millions à compte sur les droits dus par elles depuis le 18 mars et non payés. Cette réquisition formidable se répartissait ainsi :

Compagnie	du Nord.	203,000 fr.
—	de l'Ouest. . . .	275,000
—	de l'Est.	254,000
—	de Lyon	692,000
—	d'Orléans.	576,000

On n'insistera pas sur l'imprudence d'une pareille mesure qui pouvait décider les Compagnies à cesser sur-le-champ leur service, ce qui aurait immédiatement affamé Paris. Le gouvernement de Versailles, appelé à conseiller la Commune, ne lui aurait pas donné un autre avis. Ce n'est pas la première fois qu'on la put soupçonner de suivre les inspirations de son ennemi. Cette fois-là, du moins, le soupçon eût été injuste, car les Compagnies payèrent dans les quarante-huit heures et les trains continuèrent de marcher.

Une de ses plus grandes naïvetés fut de proposer alors au gouvernement de Versailles l'échange du citoyen Blanqui contre l'archevêque de Paris, prisonniers tous deux, l'un de l'État, l'autre de la Commune. L'importance politique des deux hommes était trop disproportionnée pour qu'une telle combinaison pût être acceptée. Les catholiques eux-mêmes s'intéressaient moins à M. Darboy, à qui on attribuait une lettre indiquant un moment de faiblesse. On le laissa sous les verrous, le jugeant beaucoup moins précieux pour la cause de l'ordre que le célèbre conspirateur pour son parti.

CHAPITRE XXV.

LES FRANCS-MAÇONS. — ASPECT DE PARIS.

Tandis que le clergé de Paris, affadi par l'empire et abasourdi par les événements, perdait de vue le rôle de conciliation dont l'archevêque au grand cœur, mort sur une barricade, lui avait inutilement transmis l'exemple, la franc-maçonnerie, dont nous avons analysé plus haut le premier manifeste naïvement inoffensif, prenait une résolution aussi ridicule que généreuse. Sans se décourager aux froides réceptions que M. Thiers avait par deux fois faites à ses délégués, elle protesta hautement contre les intentions belliqueuses de Versailles et déclara qu'elle planterait ses bannières sur les remparts pour interrompre le feu, prête à se joindre aux assiégés si les troupes ne respectaient pas ces innocents oriflammes. Cette démarche était, j'en conviens, d'une fantaisie un peu moyen âge, mais l'intention en était bonne. Le malheur était que la Société avait des amis dans les deux camps et qu'une partie seulement adhéra à ce programme, l'autre protestant vivement. M. Ernest Hamel, l'historien de Robespierre, écrivit à ce propos une lettre fort sensée qui ne convainquit personne. Or donc, le samedi 29 avril, à neuf heures du matin, les portes des Tuileries s'ouvraient aux francs-maçons adhérents qui arrivaient de toutes les parties de la ville.

A dix heures et demie ils se rangeaient cinq par cinq, chaque loge derrière sa bannière respective, et commençaient le défilé. Pendant une demi-heure, la manifestation se développa et la tête du cortége atteignait la place de l'Hôtel-de-Ville que la queue sortait encore par le guichet du Carrousel.

Ils étaient ainsi plus de cinq mille avec l'écharpe ou le cordon chargé d'arabesques, marchant à pas lents derrière leur drapeau, et sillonnant la rue de Rivoli d'un flot multicolore qui roulait des paillettes d'or et d'argent. — Beaucoup de vieillards à barbe blanche, de nombreux médecins, quelques gardes nationaux qui avaient supprimé jusqu'à leur porte-baïonnette. — La foule les acclamait au cri de : Vive la Commune! — Ils répondaient par celui-ci : Vive la République! Quelques loges réunies à l'hôtel de ville grossirent le cortége, qui fit, place de la Bastille, de nouvelles recrues. Le tout redescendit par les boulevards jusqu'à la place de la Concorde, et enfila les Champs-Élysées, où la foule leur fit escorte jusqu'à l'arc de triomphe.

Là les rangs commencèrent à s'éclaircir. Bien qu'un parlementaire eût été envoyé aux avant-postes de l'armée de Versailles, on doutait que celle-ci interrompît ses opérations, à la seule apparition du *Mané, Thécel, Pharès* maçonnique. Il n'y eut bientôt plus de doute à cet égard, car le temps nécessaire à l'ascension de l'avenue de la Grande-Armée était passé depuis longtemps que le bruit du canon n'avait pas cessé. La rumeur courut que le parlementaire était revenu, rapportant l'invitation de s'éloigner du rempart, et que la manifestation, n'en tenant pas compte, avait continué de s'avancer sous la menace des obus. On sut depuis que quelques étendards furent plantés, la canonnade épargnant les abords de la porte Maillot, mais continuant sur tous les autres points. Une députation de deux membres fut admise seule à poursuivre la route de Versailles, et fit une seconde école aussi courageusement honorable que la première.

Cette journée rompit l'aspect monotone que Paris offrait depuis huit jours. Ceux qui ne l'ont pas vu à cette époque n'en trouveront aucune idée dans leurs souvenirs du premier siége. Hormi aux environs des gares où les voyageurs affluaient et qu'encombraient les bagages (j'entends celles du Nord et de l'Est, les seules ouvertes) la circulation était nulle sur les boulevards et dans les rues. Les quelques voitures qui les sillonnaient, en quête de chalands, passaient au petit pas, sur les pavés dont la poussière assourdissait la sonorité, silencieuses, comme des spectres, jusqu'au premier chaos que leur ménageait un tas d'ordures. Un bruit équivoque d'écrasement annonçait leur approche du trottoir. Toutes étaient vides. Des enfants lymphatiques au gosier de crécelle suivaient les rares passants en hurlant les journaux. Une tristesse atroce était sur toutes les physionomies. L'ennui est décidément une chose plus terrible encore que la souffrance; car Paris s'ennuyait surtout, séparé du reste de la France et, qui pis est pour lui, du reste du monde, sentant que la lutte pouvait durer longtemps encore, ne sachant pas assez ce que serait la délivrance pour la souhaiter franchement, inquiet, hésitant, révolté sourdement mais plus énervé encore.

Oh! les tristes jours! où donc étaient les courageuses douleurs du premier blocus, souffrances que chacun portait dans un cœur plein d'espérances ailées? Ces hommes résolus qui marchaient encore au rempart, des vivres au dos et un fusil sur l'épaule, n'étaient, après tout aussi, que des désespérés. Si la victoire eût été possible, qu'en eussent-ils fait? Le grand problème de la vie par le travail se retrouvait pour eux au bout de la lutte, plus insoluble encore à mesure que la ruine du pays se faisait plus profonde. Ce n'est pas en payant fort cher la plus improductive des tâches qu'on augmentera la richesse publique qui est, après tout, la seule ressource sérieuse des prolétaires. Ce n'est pas en brûlant, tous les jours, pour des sommes énormes de poudre qu'on reformera le capital que les seuls sensés d'entre eux ont pu songer à déplacer, mais jamais à détruire. Que leur eût-il servi d'être une part de l'État quand l'État serait sans ressources. Les vérités même les moins analysées flottent dans l'air à certains moments, et ceux qui ne sont pas en état de les discuter les respirent. Le sentiment de la misère accumulée par la continuation du combat était partout.

On ne renonçait pas cependant dans la région militante, et les chances de succès avaient beau s'amoindrir, l'obstination à la lutte n'en était que plus grande. Imaginez une guerre que ni gloire ni profit ne peut couronner, vous aurez une idée de l'aspect que pouvaient avoir ceux qui y marchaient par ces jours de deuil, d'égarement et de mort.

CHAPITRE XXVI.

PAYSAGES ET COMBATS.

(30 avril.)

Les opérations militaires qui se succédèrent, à partir du 30 avril, ayant puissamment modifié les positions relatives des deux armées qui, les jours précédents, étaient demeurées à peu près les mêmes, il est bon de les préciser. C'est le seul moyen d'apprécier les résultats lents mais positifs obtenus par l'attaque.

Sur la rive gauche de la Seine, les troupes de Versailles étaient solidement établies du bas Meudon à Saint-Ouen, en passant par Sèvres, Saint-Cloud, Suresnes, Courbevoie, Asnières. Leur objectif était naturellement de pousser cette occupation du bas Meudon au village d'Issy. Pour cela il était absolument nécessaire d'écraser le fort d'Issy, et c'est ce que les opérations de la nuit du samedi 29 au dimanche 30 eurent pour but. Le village des Moulineaux et la gare de Clamart, situés tous deux à moins de huit cents mètres du fort, étaient deux points stratégiques d'une importance extrême, sur lesquels se portèrent les forces de l'armée régulière.

La gare de Clamart, située entre les coteaux de Châtillon et de Meudon, était comme la sentinelle avancée des forts de Vanves et d'Issy sur la route de Versailles. Les points que l'armée assiégeante occupaient autour d'elle étaient le Val, le bas Meudon et une partie des Moulineaux à gauche; à droite, le Moulin-de-Pierre, la Plâtrière et Châtillon. Les soldats s'avancèrent à droite sur la petite colline qui forme un des anneaux de la chaîne qui longe le front sud de Paris, et qui va de Châtillon se perdre entre les forts de Vanves et d'Issy. La mousqueterie commença dès qu'ils apparurent sur la hauteur. En même temps le feu d'une petite batterie de pièces de 4 dressée contre la gare forçait les fédérés à rejoindre leurs tranchées en abandonnant le bâtiment.

A cette première attaque sur la droite du fort, succéda presque immédiatement une attaque sur la gauche. Celle-là eut pour objectif la partie des Moulineaux que les fédérés possédaient encore, et qui constituait une défense formidable pour leurs avancées. Les murs en étaient crénelés et la position redoutablement armée. Le feu des canonnières y poursuivait les assaillants. Cette attaque fut secondée par une des plus effroyables canonnades que Paris ait entendues jamais. De Châtillon, du Moulin-de-Pierre, de Clamart immédiatement

8.

pourvu d'artillerie, de Meudon, du pavillon de Breteuil, les projectiles pleuvaient sur le fort et les bastions, tandis que les pièces à longue portée de Bellevue et de Sèvres battaient les canonnières sous le viaduc. Ce fut un infernal tapage dont le résultat, favorable à l'armée de Versailles, lui livra le parc d'Issy et allongea à gauche comme à droite l'arc de courbe dont elle enveloppait le fort. Ce dernier, bien que mal entretenu de troupes fraîches, tenait bon sous un véritable écroulement. Chaque heure aggravait sa situation, car, mettant de suite à profit les deux positions nouvellement conquises, l'armée de Versailles avait établi une nouvelle batterie au bas de la route qui relie la gare de Clamart au village, et une batterie plus forte entre les Moulineaux et le bas Meudon. Toute la matinée du 30, sur la crête du coteau, la route de Châtillon à Meudon fut couverte d'artillerie et sillonnée de fourgons qui entretenaient ce feu formidable. A onze heures la situation devenant insoutenable et le découragement arrivant de tous côtés, par les récits des hommes échappés aux combats de Clamart et des Moulineaux, la garnison du fort le quitta en désordre et regagna Paris par la rue de Vaugirard, après que les marins eurent encloué les pièces demeurées en état. Quelques heures après, la Commune avait trouvé de nouveaux hommes à envoyer à ce poste périlleux.

Parallèlement à cette action importante sur la rive gauche, l'armée de Versailles tenta le 30 au soir, sur la rive droite, une opération qui ne réussit pas moins.

Elle occupait de ce côté une partie du village de Neuilly, le parc, Villiers. Elle était maintenue dans le parc par les travaux importants des fédérés consistant en trois barricades. La première qui était à l'angle de l'avenue du Roule et de l'avenue Inkermann était armée de six canons dissimulés dans un bouquet d'arbres. La seconde était en arrière et la troisième dans l'avenue Peyronnet. Pour la soutenir, l'armée régulière avait les batteries du mont Valérien, de Puteaux, du château de Bécon, du Moulin-des-Couronnes, d'Asnières, de Colombes et de Gennevilliers, les dernières établies à la suite des derniers combats. L'une d'elles installée sur une élévation de la rive gauche pouvait battre le rempart de la porte de Clichy à celle des Ternes. Les deux autres étaient sur la voie ferrée d'Asnières à Colombes.

Les fédérés aussi avaient modifié les positions de leur artillerie pour répondre à ces nouvelles menaces. Leur batterie de la gare de Saint-Ouen envoyait ses obus sur celles de Gennevilliers et de Colombes, celle de Clichy sur les canons d'Asnières et du Moulin-des-Couronnes. Levallois et Champerret étaient munis de nouvelles pièces. Ils occupaient alors Levallois, Courcelles, la lisière de Villiers et la partie est de Neuilly.

Un duel d'artillerie s'engagea à huit heures du soir. La fusillade s'y mêla bientôt et une attaque violente des troupes régulières eut pour effet de reprendre aux fédérés la partie est de Levallois, un coin de Courcelles, et de les chasser complétement de Villiers. Les barricades de l'avenue du Roule et la portion de terrain située entre l'avenue du Roule, le boulevard Inkermann et l'avenue d'Inkermann tombèrent en leur pouvoir. Ce fut un pas considérable sur le chemin qui les rapprochait de l'enceinte. Ce combat fut meurtrier, à en juger par le nombre des voitures d'ambulance qui traversèrent Paris le lendemain matin. Il avait duré jusqu'à minuit, laissant après lui comme le sourd grognement d'un chien qui s'éloigne, le bruit lent d'une canonnade intermittente.

Ce jour-là même, le général Cluseret rédigeait son dernier ordre du jour. Il était relatif aux chirurgiens de l'armée fédérée qui continuaient à porter plus de galons que n'en comportait leur grade, d'après le tableau d'assimilation. Ce jour-là aussi, un meeting réunissait à deux heures, dans la cour carrée du Louvre, quatre mille personnes environ, représentant *l'alliance républicaine des départements*, sous la présidence du citoyen Millière. La manifestation se termina par une promenade à travers Paris, promenade qui consista à aller du Louvre à l'hôtel de ville en suivant la ligne des boulevards. Cet itinéraire, contraire aux saines prescriptions de la géométrie, fut émaillé de chants patriotiques et de cris. Il s'agissait d'aller jurer solennellement de mourir pour la Commune. On le fit très-sérieusement. Serment politique s'il en fut! Pendant ce temps, d'héroïques niais se faisaient tuer pour de bon, sous les décombres du fort d'Issy et sur les barricades du Roule, seuls intéressants au milieu de ce désarroi indescriptible des choses et des consciences, dignes de servir une cause autrement représentée par ceux qui l'avaient prise en main, soldats d'un devoir mal compris et d'une consigne stupidement cruelle. Jamais les braillards de la rue ne m'ont paru plus insupportables que pendant ces jours de deuil et de sang. Le pathétique du théâtre révolte quand l'horreur de la réalité est trop proche. C'est une chose triste à dire. Mais ce sont les étrangers qui avaient pris la direction de cette guerre impie, qui conduisaient les hommes au feu, tandis que les Français qui l'avaient suscitée se tenaient dans l'ombre ou sous des lumières d'estrade, mi-conspirateurs et mi-cabotins.

CHAPITRE XXVII.

BARRICADES ET PETITES AFFICHES.

Le 1er mai finit le règne mensuel du général Cluseret. Révoqué de ses fonctions par un décret de la Commune, il fut arrêté, suivant les traditions du nouveau pouvoir. Il en fut si peu surpris qu'il déclara à ceux qui le venaient prendre qu'il les attendait et n'avait pas daigné fuir, se sachant innocent. Les bruits les plus divers coururent sur le motif de cette mesure qui n'avait rien que de fort simple. On prétendit qu'une correspondance entre le général et M. Fabrice, relative à la mise en liberté de l'archevêque de Paris, avait été saisie. C'était une fable évidente. Cluseret fut arrêté comme *Feuillant,* suivant les autres, ce qui eût été passablement ridicule. La vérité est qu'il avait voulu se trop mêler des vols de toute sorte que commettait la nouvelle intendance et que cette indiscrétion fut son principal crime.

A sa place fut nommé *provisoirement* le colonel Rossel, président de la cour martiale. Ce *provisoirement* est un chef-d'œuvre. Il s'agissait de savoir si le nouveau délégué de la guerre verrait les tripotages d'aussi près. Celui-là était un militaire, ancien élève de l'École polytechnique, ancien capitaine de génie, ayant très-activement servi pendant le siége et ayant quitté le service aussitôt après, soit que la capitulation eût révolté son patriotisme, comme il l'affirma depuis, soit que le gouvernement ne l'ait pas suffisamment récompensé, comme l'ont prétendu ses ennemis. Quoi qu'il en soit, c'était un véritable officier, très-actif et n'ayant rien à perdre, un homme précieux, à tous les points de vue, pour la Commune.

Son premier ordre fut relatif à la construction des barricades que le citoyen Gaillard père, cordonnier de son état, dirigeait suivant ses instincts de fortification naturels. Outre une double enceinte, le nouveau général prescrivit l'érection de trois ouvrages fermés situés au Trocadéro, aux buttes Montmartre et au Panthéon, lesquels il qualifia du nom de *citadelles*.

On se mit à l'œuvre avec une activité nouvelle. Rien de plus sinistre, pour le Paris étranger au mouvement, que ces préparatifs de résistance à outrance qui annonçaient l'intention de détruire la ville plutôt que de la livrer. Les passants regardaient donc d'un œil douloureux ces travaux qui offraient déjà, deux jours après, l'aspect général que voici :

En commençant par le centre, on trouvait la place

de la Concorde barricadée sur quatre points. L'ouvrage le plus considérable se trouvait à l'angle de la rue de Rivoli et de la rue Saint-Florentin, appuyé, à droite, sur le ministère de la marine et venant se coller, à gauche, au mur d'enceinte des Tuileries. Un fossé large et profond s'ouvrait devant le talus, mettant à nu, comme les veines d'un membre disséqué, les conduites d'eau et, ce qui épouvantait particulièrement le public, les tuyaux de gaz. Le fait est qu'un obus tombé sur ce point et crevant un de ces conduits pouvait déterminer dans la ville tout entière les plus abominables accidents. Mais cela était de peu de poids dans l'esprit de ces travailleurs désespérés qui eurent bien, un peu plus tard, l'idée vraiment infernale de faire sauter en bloc la colonne de la place Vendôme, sans s'inquiéter des désastres que pourrait occasionner sa chute.

Cette barricade était percée de cinq embrasures. Elle masquait un chemin couvert derrière lequel se trouvaient de nouvelles fortifications. Le tout constituait une double masse de terre enfermée dans des sacs et dans des tonneaux.

A l'extrémité sud de la rue Royale, également appuyée sur le ministère de la marine, une autre barricade ouvrait le même nombre d'embrasures sur le Corps législatif et le pont de la Concorde, aussi magistralement construite que la précédente et comprenant, comme elle, un double ouvrage.

Un amoncellement considérable de terre adossée à la grille des Tuileries constituait un troisième travail défensif, et le quatrième s'élevait sur le quai, obliquement. Tout cela était fait dans l'hypothèse d'une entrée de l'armée ennemie par l'avenue des Champs-Élysées, ce qui était au moins improbable et ce qu'aurait bien autrement compromis une série de barricades latérales fermant les rues tout le long de l'avenue. Il est juste d'ajouter que c'est au génie du citoyen Gaillard seul que revenait l'honneur de ces quatre ouvrages entrepris avant l'arrivée du colonel Rossel.

Les deux autres points du centre défendus par des travaux analogues et également anciens déjà étaient l'hôtel de ville et la place Vendôme.

Sur la place de l'hôtel de ville c'étaient plutôt des obstacles que de véritables barricades. Les ouvrages pouvaient bien arrêter de la cavalerie, mais ne pouvaient avoir la prétention de résister au canon.

Sur la place Vendôme, les ouvrages étaient plus solides en apparence. Outre le travail concentrique qui étreignait la place et lui faisait une ceinture d'artillerie une barricade à deux embrasures menaçait la rue Saint-Honoré. Tout cela était encore construit dans le cas d'une supposition vraiment primitive, où l'armée versaillaise s'aventurerait, en colonne, dans les grandes voies aboutissant sur ce point.

Plus solidement construite, celle qui protégeait l'arc de triomphe aurait pu rendre de plus sérieux services. On concevait mieux aussi l'application des trois ouvrages qui défendaient la place Pereire, s'élevant, l'un sur le boulevard de Neuilly, l'autre au coin de la rue de Courcelles, le troisième à l'extrémité nord de la rue Mac-Mahon.

A Montmartre et à Belleville, des travaux en terre menaçaient l'intérieur de la place et semblaient prévoir le cas où les assaillants attendraient, de ces points, des renforts pour attaquer les deux centres de défense établis au cœur même de Paris, place Vendôme et à l'hôtel de ville : cette hypothèse était absolument fantaisiste.

A Montrouge, une barricade énorme et d'une grande solidité fermait la place d'Italie.

Tel était l'ensemble des ouvrages intérieurs quand l'officier du génie Rossel prit la direction de la défense. Il faut convenir qu'ils étaient loin de réaliser la double enceinte rêvée. Ils offraient évidemment de véritables obstacles à la circulation d'une armée maîtresse en partie de la place, mais ils ne constituaient nullement un système résistant propre à remédier, sur certains points, à l'insuffisance des remparts.

Paris ne les en contemplait pas moins avec une terreur secrète. Ces ouvrages n'étaient-ils pas les préliminaires de la guerre des rues, dont la seule possibilité révoltait le plus grand nombre? On se rappelle quels sacrifices d'amour-propre avait fait l'ancienne municipalité pour la conjurer une première fois. Maintenant on la préparait de sang-froid au nom d'un pouvoir que les dernières élections avaient constitué solennellement à l'état de *minorité*.

Pour se distraire de cette sombre perspective, Paris

n'avait que les affiches assez réjouissantes parfois qui furent, cette année, la principale floraison de mai, pour les malheureux citadins.

La correspondance échangée, le 30 avril au soir, entre le major de tranchée de l'armée de Versailles et le commandant Rossel, et placardée le lendemain sur tous les murs, eut un succès énorme.

A la sommation du colonel Leperche enjoignant au fort d'avoir à se rendre *dans un quart d'heure,* sous peine de subir un assaut et de voir toute la garnison *passée par les armes,* le nouveau délégué à la guerre répondait simplement :

Mon cher camarade,

La prochaine fois que vous vous permettrez de nous envoyer une sommation aussi insolente que votre lettre autographe d'hier, je ferai fusiller votre parlementaire, conformément aux usages de la guerre.

Votre dévoué camarade,

ROSSEL.

Pourquoi pas : votre meilleur ami? Quelle horrible chose pourtant que cet échange de menaces atroces et la belle idée que cela donne des *usages de la guerre!* Ce *cher camarade* fit cependant sourire. La rédaction du placard suivant dû à la délégation des finances fit rire franchement :

« Considérant que, depuis longtemps déjà, des approvisionnements en viande de boucherie et de porc demandent (*les approvisionnements?*) la création d'un marché libre où il leur soit permis de vendre leurs marchandises (*voyez-vous ces ambitieux d'approvisionnements?*) soit *par eux-mêmes*, soit par un représentant de leur choix (*approvisionnement 1er, par exemple*) et non par l'intermédiaire des facteurs à la criée aux halles, etc.

« Paris, 1er mai 1871. »

Au même point de vue, ceci n'est pas mal non plus :

« Le docteur Rousselle, directeur des ambulances, prévient les artistes qu'un concert doit avoir lieu jeudi prochain, 4 mai, dans le grand salon des Tuileries, au profit des ambulances, et *engage* ceux d'entre eux qui voudraient concourir à cette œuvre de bienfaisance *de* se faire inscrire, etc. »

Mais il est juste de dire que tout n'était pas également ridicule. On ne saurait, par exemple, trop louer M. Rossel d'avoir le premier édicté des peines sévères contre l'ivrognerie dans la garde nationale. Si M. Trochu avait eu cette idée pendant le premier siége, beaucoup de malheurs eussent été évités aux avant-postes. On lut également avec plaisir la circulaire de l'ex-préfecture de police qui prévenait les dénonciateurs anonymes que leurs indications seraient considérées comme non avenues, « de telles actions, disait la note, étant inspirées évidemment par des sentiments de vengeance personnelle et non par l'amour du bien public. »

C'était de rares éclairs dans cette nuit intellectuelle. Il en faut attribuer l'honneur à l'élément jeune, qui apportera toujours à toute cause de naïves générosités. Si nous en sommes étonnés, c'est que les générations actives se sont habituées, en France, à confier leurs destinées à des hommes ayant depuis longtemps passé l'âge de l'action. C'est ce qui rend leur expérience si souvent inefficace.

Par exemple, dès qu'on entrait dans le domaine des connaissances acquises, il n'est pas d'ineptie dont les législateurs de la Commune ne fussent capables. Le rapport de la *Commission de travail et d'échange* sur la liquidation des monts-de-piété, paru à l'*Officiel* du 1er mai, est un monument de bêtise que la publicité a fait impérissable. On y apprend que le mode d'emprunt sur gage était *inutile au travail*, bien que ce fussent les travailleurs qui en réalité y eussent le plus souvent recours, que les travailleurs ont *droit au crédit* d'une façon absolue, que l'or et l'argent n'ont qu'*une valeur accessoire* et autres vérités économiques de la même farine. Le tout est dirigé contre l'existence du monopole, en faveur d'une administration privilégiée. Or, comme le *prêt sur gage* est une convention que vous n'avez aucun droit d'empêcher entre deux individus agissant librement, vous supprimez simplement les garanties qu'offrait à tout le monde un établissement surveillé par l'État et où le taux de l'intérêt ne pouvait être surélevé arbitrairement. Poursuivre le prêt sur gages d'une façon générale est une chimère aussi idiote que régler le taux de l'argent. C'est un retour aux lois contre l'usure, particulièrement insensé à un moment où l'argent est plus rare que jamais et où chacun a besoin de reporter une partie de ses charges sur un avenir qui ne saurait être pire que le présent. Il faut avoir été élevé sur les genoux de l'ignorance elle-même pour songer à de pareilles énormités. Oui, les rénovateurs de l'hôtel de ville en étaient encore à la théorie de l'*usure,* et c'est comme *officine d'usure* qu'ils demandaient la liquidation *radicale* des monts-de-piété, ajoutant d'ailleurs que les actes de ces établissements, mis au grand jour, fourniront *sans doute* des révélations importantes.

Ce *sans doute* vaut le *quoi qu'on die* de Molière. La liquidation d'un établissement de crédit, au point de vue des révélations amusantes qu'elle garde au public! Des misères cachées mises à nu, des infortunes discrètes trahies, la liste *officielle* des pauvres de toutes les classes de la société, le joli spectacle!

Quant au mode de liquidation, il est naïf en diable : les créanciers du mont-de-piété recevront en échange de leur titre une reconnaissance garantie par la Commune et remboursable en cinq années, moyennant quoi tous les objets, *autres que matières d'or et d'argent,* leur seront immédiatement rendus contre un simple engagement de payer par trimestre dans ce délai ; et le rapport ajoute : « Les titulaires des reconnaissances bénéficieront seuls du présent décret. »

Cette clause a évidemment pour but d'empêcher le commerce considérable qui se fait, des reconnaissances, dans certains quartiers. Il en résultera tout simplement que les acheteurs se feront remettre par le vendeur les pièces nécessaires pour pouvoir se présenter comme les *titulaires réels*, et feront de fausses déclarations pour tromper sur leur identité. Je parie qu'il n'est pas un objet qui ne soit réclamé par son vrai titulaire! — Ceci est aussi fin que la mention mise au bas des billets de faveur de certains théâtres : *Ce billet n'est pas valable s'il est acheté*. Et qui donc ira vous le dire?

Je n'insiste pas sur l'exception singulière faite pour les matières d'or et d'argent et ne veux pas soupçonner la Commune, dont les ressources pécuniaires étaient à ce moment plus aléatoires que jamais, d'avoir voulu conserver un gage de crédit. Beaucoup de ces objets appartiennent à des étrangers, ce qui donne au dépôt un caractère plus sacré encore. En laissant de côté toute supposition fâcheuse, ce rapport est par lui-même d'un ridicule si complet qu'on en trouverait difficilement le pendant dans nos discussions législatives.

CHAPITRE XXVIII.

LE COMITÉ DE SALUT PUBLIC.

Le 1er mai, le citoyen Miot proposa à la Commune l'institution d'un *Comité de salut public.* « Vu la gravité des circonstances et la nécessité de prendre promptement les mesures les plus radicales, les plus énergiques, pour réprimer les trahisons qui pourraient perdre la République. » Le citoyen Pyat, qui est avant tout homme de lettres, trouva le mot heureux et déclara que « le mot de salut public était de la même époque que les mots de République française et de Commune de Paris. » Le citoyen Allix vota *pour* « attendu que la Commune pourrait le détruire quand elle le voudrait », et le citoyen Franckel allant plus loin dans la large voie que Prudhomme avait ouverte, son sabre d'honneur à la main, s'écria : « Quoique je ne voie pas l'utilité de ce comité et, *tout en me réservant le droit d'insurrection contre lui,* je vote *pour* ! » Le citoyen Babick seul eut le courage de déclarer que la Commune n'étant pas en danger, n'avait pas besoin de Comité de salut public et se sauverait elle-même. D'autres repoussèrent la proposition pour des motifs différents. Courbet profita de l'occasion pour faire une déclaration de principes si parfaitement sensée, que je ne résiste pas au plaisir de la citer en entier :

« Je désire, dit le maître peintre d'Ornans, que tous titres ou mots appartenant à la révolution de 89 et 93 ne soient appliqués qu'à cette époque. Aujourd'hui ils n'ont plus la même signification et ne peuvent plus être employés avec la même justesse et dans les mêmes acceptions. Les titres : *Salut public, Montagnards, Girondins, Jacobins*, etc., ne peuvent être employés dans ce mouvement socialiste républicain. Ce que nous représentons, c'est le temps qui s'est passé de 93 à 71, avec le génie qui doit nous caractériser et *qui doit nous relever de notre propre tempérament* (?)

« Cela me paraît d'autant plus évident que nous ressemblons à des plagiaires, et nous rétablissons à notre détriment une terreur qui n'est pas de notre temps. Employons les termes que nous suggère notre révolution.

G. COURBET. »

A part le français déplorable de ce document il faut convenir qu'il est d'une justesse absolue. Déjà, dans sa profession de foi, Courbet avait protesté contre cette singerie continue des procédés de la première révolution, et traité de républicains *historiques* les gens qui se rattachent aujourd'hui aux écoles de ce temps-là.

Malgré ces sages observations, 37 votants sur 62 constituèrent un Comité de salut public composé de cinq membres dont les noms suivent : les citoyens Antoine Arnaud, Léo Meillet, Ranvier, Pyat et Charles Gérardin. Mais ce ne fut pas sans soulever les protestations les plus énergiques. Parmi les dissidents il convient de citer MM. Vermorel, Malon, Lefrançais, Courbet, Andrieu, Arnould, Beslay et Vallès, qui ne passaient pas pour les plus sots de l'assemblée, et qui ne se gênaient pas pour déclarer que « cette institution créait un pouvoir dictatorial en opposition formelle avec les aspirations politiques de la masse électorale dont la Commune était la représentation, — que c'était une véritable usurpation de la souveraineté du peuple, — que c'était l'oubli des principes de réformes sérieuses et sociales, d'où était sortie la révolution communale du 18 mars, — le retour dangereux ou inutile, violent ou inoffensif, à un passé qui doit nous instruire sans que nous ayons à le plagier, etc. » On comprit alors pourquoi Félix Pyat, qui devint en peu de temps l'âme du nouveau Comité, avait traité si légèrement la Commune quelques jours auparavant. Il était en mal d'enfant d'une institution qui lui assurât un pouvoir moins partagé, et le citoyen Miot ne fut en ceci que son accoucheur désintéressé, puisque lui-même ne fit pas parti du quinquemvirat. Cet événement permit au citoyen Longuet de montrer beaucoup de bon sens en déclarant qu'il ne croyait pas plus aux mots sauveurs qu'aux amulettes, et aux citoyens Blanchet et Dupont de se couvrir de ridicule en déclarant : « Que si la Commune avait su se faire aimer de tous les honnêtes gens, elle n'avait pas encore pris les mesures indispensables pour faire trembler les lâches et les traîtres et que, grâce à cette longanimité intempestive (*et forcée, n'est-ce pas?*) l'ennemi avait peut-être obtenu des *ramifications* dans les *branches essentielles* du gouvernement. » On ne suit pas une image avec plus d'art. Les *branches* du gouvernement et les *ramifications* de la trahison n'ont jamais porté de *fleurs* de rhétorique plus charmantes. Le fonctionnement du *Comité de salut public* n'enfanta, par la suite, rien dont l'ancienne Commune n'ait pu revendiquer la paternité. Le seul pouvoir réel, depuis le 4 mars, était le *Comité central* et rien que le *Comité central* dont le commandant Rossel ne perdit pas une occasion de rappeler les services. C'est lui qui avait fait la Commune comme la Commune avait fait le Comité de salut public, et il planait sur tous deux, de toute la hauteur qu'eussent atteinte, mis bout à bout, les quatre-vingt mille hommes qu'il avait levés, armés et poussés à la mort.

CHAPITRE XXIX.

OPÉRATIONS MILITAIRES.

(1er mai — 5 mai.)

Le fort d'Issy réparait obstinément ses désastres sous le feu d'un bombardement moins actif mais presque continu, et sous la menace des travaux d'investissement qui tendaient à le séparer absolument du fort de Vanves. Le mardi 2 mai, des troupes fraîches étaient venues y tenir garnison dans la nuit, et l'excédant du renfort s'était massé dans les environs du parc d'Issy, que les troupes de Versailles occupaient depuis deux jours.

Se croyant en force suffisante sur ce point, les fédérés eurent l'audace vraiment inouïe de tenter un mouvement offensif. A l'aube, trois bataillons sortant de leurs retranchements commencèrent le feu et forcèrent les avant-postes de l'armée régulière à se replier. Mais le premier moment de surprise passé, les soldats de l'Assemblée reprirent l'offensive à leur tour. Une partie de la colonne fédérée, qui s'était imprudemment engagée dans la direction de Clamart, se vit bientôt menacée sur ses deux ailes et près d'être coupée. La panique s'y répandit et ce fut un sauve-qui-peut général dans tous les sens, sous une pluie de balles qui fit de nombreuses victimes. Quelques prisonniers furent faits, et le reste étant parvenu à se rallier se sauva vers la porte de Vaugirard. Le pont-levis était baissé, mais on refusa de les laisser passer. On assista alors à un horrible spectacle, tel que la guerre civile en présente seule. Ces malheureux, dont plusieurs étaient blessés et qui étaient tous à bout de force, prièrent et menacèrent tour à tour. La consigne fut inflexible, et, après avoir fait une tentative tout aussi inutile à la porte de Vanves, ils poursuivirent leur route vers le chemin d'Orléans, boitants et piteux, bandés de linges que le sang traversait, épuisés et désespérés. La nouvelle de cet échec parvint rapidement à l'état major, qui, quelques heures après, dirigeait de nouvelles forces beaucoup plus considérables vers ce point, où la résistance fut vraiment d'une incomparable énergie et d'une obstination sans exemple. Les défenseurs du fort installèrent, pour se protéger, des masses de varech réunies en matelas, destinées à résister aux balles qui maintenant les incommodaient plus encore que les obus. De leur côté, les troupes de Versailles ayant passé la Seine à Sèvres, vinrent occuper l'île de Saint-Germain et y établirent une batterie pour couper la retraite aux soldats du fort. La fusillade ne cessa de toute la nuit, et l'artillerie reprit son œuvre de destruction au point du jour.

Dans la journée du 3, c'est le fort de Vanves qui eut le plus à souffrir. L'armée régulière tentait évidemment de le mettre hors d'état de protéger Issy contre les travaux de tranchée qu'elle commençait à effectuer pour achever l'investissement.

Le soir eut lieu, au Moulin-Saquet, un engagement qui, par les circonstances où il se produisit plus que par ses résultats, eut un grand retentissement. On se rappelle que c'est une redoute qui pendant le premier siége tint longtemps tête aux batteries de l'Hay et de Thiais. Elle est située un peu en avant de Bicêtre, et de nouveaux travaux l'avaient rendue formidable. Les avant-postes des fédérés y furent surpris à la tombée de la nuit par les troupes régulières, qui enlevèrent la redoute et en évacuèrent immédiatement les munitions et les canons, après un combat meurtrier mais rapide. De nombreux prisonniers furent faits dans cette affaire, qui parut à tout le monde une trahison du commandant Gallien, à qui la garde de la redoute était confiée. La disparition de cet officier pendant le combat et la présence, dans l'armée de Versailles, de tout l'appareil nécessaire au transport immédiat des pièces capturées ne laissaient guère douter sur ce point. L'indignation était indescriptible dans le quartier des Gobelins, par lequel revint le bataillon abimé au Moulin-Saquet.

Avec une activité prodigieuse, l'état-major dirigea de nouvelles forces sur ce point, qui fut immédiatement réoccupé, les troupes régulières ayant jugé que le voisinage du fort de Bicêtre en faisait une position intolérable. Les fédérés purent bien en juger, car le fort n'ayant pas été prévenu de la reprise de la redoute, et la croyant toujours aux mains des soldats de Versailles, continua de la couvrir de feu, ce qui causa de nouveaux malheurs dans les rangs de la garde nationale. Contrairement aux prévisions du bulletin victorieux de Versailles et, pour cette fois seulement, la Commune avoua cet échec, dont elle fit retomber la responsabilité sur le commandant Gallien, *qui aurait donné ou vendu le mot d'ordre à l'ennemi.*

Sur la rive droite les escarmouches furent journalières et la canonnade intermittente pendant cette période. L'état-major du général Dombrowski avait dû quitter la rue Peyronnet, ce qui permet de constater les progrès lents de l'armée régulière dans la direction du rempart. De Saint-Ouen à Billancourt l'artillerie haletait, dessinant des buées sur le fond clair du ciel. Parfois un incendie allumé par un projectile poussait dans ce brouillard une colonne de fumée noire qu'un reflet rouge frangeait. Sur les points élevés de la ville des curieux armés de lorgnettes tentaient de suivre ce combat et d'en deviner les caprices. Mais ce n'était pas chose facile, l'action flottant le long de la ligne mouvante que les fausses attaques de l'armée de Versailles déplaçaient sans relâche. Il était bien convenu que tout cela n'était que préliminaires. On apprenait en même temps que des batteries formidables comprenant quarante pièces de marine et trente pièces de gros calibre étaient installées à Montretout, dirigées contre le Point-du-Jour, qui paraissait toujours devoir être l'objectif de l'attaque générale. Les fédérés renforçaient également de batteries nouvelles la position beaucoup moins redoutable du Trocadéro.

CHAPITRE XXX.

PETITS PAINS ET GRAND FOUR.

Le 20 avril, la Commission exécutive avait veillé jusqu'à l'aube pour interdire aux garçons boulangers le travail de nuit. Qu'avaient fait ces malheureux, de plus que les gens de lettres, pour être traités aussi sévèrement?— Nul ne l'a jamais compris.— Est-ce que leur travail étant plus bruyant est incommode aux voisins? — Parbleu, il seyait bien à un gouvernement qui employait à tous moments le canon comme moyen télégraphique d'avoir si grand souci de notre repos! — Était-ce raison d'humanité?— Mais il me semble que, pendant les chaleurs de l'été, les œuvres de force matérielle sont bien autrement dures le jour que la nuit. Et puis, alors, pourquoi ne pas engager à des promenades diurnes les chariots désinfectants qui font un bien autre vacarme? — Non. Ce fut une idée fixe de la Commission exécutive : les boulangers seuls n'avaient plus le droit de travailler la nuit.

Les journaux du lendemain lui montrèrent sa bévue sous toutes les formes, au point de vue de la liberté comme à celui de la philanthropie. Rien n'y fit. C'était une rancune peut-être. Quelqu'un de ces messieurs s'était, sans doute, cassé une dent dans du pain tendre et personne n'en devait plus manger. Ce décret, comme beaucoup d'autres de même provenance, parut d'abord n'avoir été qu'une fantaisie littéraire. Les malheureux boulangers étouffèrent dans leur gorge leur mugissement rhythmique et continuèrent de pétrir la pâte à l'heure où dorment les honnêtes gens. Ceux-ci trouvèrent le matin leur pain frais, comme de coutume. Il est clair que personne n'avait pris cet édit au sérieux, et on put longtemps croire que la Commune elle-même avait eu le bon esprit de l'oublier.

Car ce n'est que le 4 mai qu'elle compléta cette mesure libérale par une sanction pénale dont voici la teneur : « Toute infraction au décret du 20 avril comportera la saisie des pains fabriqués pendant la nuit, qui seront mis à la disposition des municipalités, au profit des nécessiteux. »

Pour peu que les municipalités les leur distribuassent en temps utile, les nécessiteux seuls auraient eu ainsi le droit, à Paris, de manger du pain tendre. Il faut avouer qu'en rendant la misère générale, le gouvernement de la Commune avait au moins le soin de la rendre attrayante. On ne dirait plus désormais pour exprimer la pauvreté : *manger du pain sec,* mais *manger son pain frais.* Quelques dispositions de ce genre et tout le monde allait se faire inscrire parmi les pensionnaires des municipalités. Au nom du rationnement nécessaire, on pouvait le lendemain interdire le pain blanc et le faire saisir dans les mêmes conditions.

Les boulangers, bien entendu, continuèrent de travailler la nuit, parce qu'ils en avaient pris l'habitude; mais il ne vendirent leur pain que le surlendemain, ce qui satisfit tout le monde.

Deux jours après, les employés de chemins de fer, qui jusque-là avaient été dispensés du service de la garde nationale, durent établir la preuve qu'ils étaient *absolument nécessaires* à l'exploitation, aux heures où ils ne faisaient pas le service milicien.

C'était une nouvelle étape dans le chemin de la liberté individuelle et du service volontaire.

CHAPITRE XXXI.

LA FOLLE JOURNÉE.

Le 6 mai ne fut pas pour la Commune un jour autrement glorieux. Elle apprit, sans étonnement d'ailleurs, de la bouche du citoyen Raoul Rigault qui le lui dit sans indignation, qu'un de ses membres était un repris de justice, un moine défroqué et un ex-policier. Ce cumulard était l'aimable Blanchet (en justice et en religion frère Panille). Deux passants l'avaient reconnu un jour qu'il sortait de rendre des décrets et de gouverner le pays. Mis en demeure de proclamer ses antécédents, il dut avouer qu'avant d'être législateur il avait été banqueroutier, et qu'il avait passé, pour entrer à l'hôtel de ville, par le cloître et le bureau d'un commissaire. En annonçant cette nouvelle, le citoyen Rigault ne put s'empêcher de donner un regret à un collègue *qui avait toujours voté avec le Comité de sûreté générale* (sic). Ce jeune magistrat avait vraiment le calme d'un autre âge. Voici la démission qu'il avait dictée à l'infortuné Blanchet :

« Je, soussigné, député à la Commune sous le nom de Blanchet, déclare donner ma démission de membre de la Commune. »

« PANILLE, DIT BLANCHET. »

La Commune n'accorda pas d'ailleurs à cet incident plus d'importance que n'en comportait une chose toute naturelle entre gens qui ne se connaissaient que pour avoir fait des lois ensemble.

L'absence de ce digne Panille *qui votait toujours avec le Comité de sûreté générale* n'empêcha pas ce comité de prendre, le même jour, de nouvelles mesures violentes contre la presse. Le *Petit Moniteur*, le *Petit National*, la *Petite Presse*, le *Petit Journal*, le *Bon Sens*, la *France* et le *Temps* furent supprimés d'un même coup. Pour les deux derniers, c'était un complément de l'arrêt du 19 avril, d'où il résultait nettement que la Commune n'entendait pas qu'on appréciât ses actes. Pour les cinq premiers, c'était autre chose. Ce n'était plus la critique, mais le simple récit des faits qui était interdit. Après avoir proscrit la discussion, le nouveau pouvoir proscrivait la vérité. C'eût été un fier triomphe pour le gouvernement régulier si ce ridicule décret ne s'était étayé d'un considérant malheureusement juste et qui invoquait l'interdiction dont certains journaux de Paris étaient l'objet en province. Quoi de plus instructif cependant que ces feuilles proscrites? — C'est dans le *Mot d'ordre* que tout Paris apprit à mépriser Félix Pyat, dans le *Vengeur* que Vermorel fut traité selon ses mérites, et dans le *Réveil du Peuple* que le professeur Delescluze administra à ses élèves ses plus sanglantes volées.

Après avoir accusé Timothée Trimm de *pousser à la guerre civile,* convaincu Thomas Grimm *d'avoir livré ses concitoyens,* et M. Rousset *d'avoir déversé l'outrage sur les défenseurs de nos droits,* le citoyen Cournet, signataire du décret, invita le commissaire Moussu à en assurer l'exécution.

Il aurait bien dû en faire autant pour le concert qui se donna le soir même aux Tuileries. C'était au profit des ambulances et ceux qui n'ont pas vu la foule qui s'y porta ignorent combien Paris est bienfaisant, car ce n'était pas pour entendre de la musique, comme la suite le prouva, que ce public, sans égal par le nombre, envahit, dès sept heures, la salle des Maréchaux. Dix mille âmes étaient réunies là, dont quelques-unes fort grosses tenaient une grande place et écrasaient les pieds des autres. Tout d'ailleurs se passa conformément au programme des cohues les mieux réglées. Il y eut des éperons pour déchirer les jupes, des querelles pour effondrer les chapeaux et des coudes aigus pour meurtrir les côtes. La brise d'oranger qui caresse la Méditerranée bleue n'eût pas inutilement erré sur ce flot humain.

Les artistes vinrent exactement : Mlle Agar qui, dans sa robe savamment drapée, semblait un marbre polychrome, étincelant de blanc et de noir, Mme Bordas qui porterait moins bien la lyre, et des messieurs dont nul ne put juger le talent, car le silence fut impossible à faire. Sur un fond sourd de causeries obstinées, d'exclamations lointaines, de piétinements et de frôlements, éclataient quelques déchirements de fanfare apportant à l'oreille un lambeau de la *Marseillaise*. Là où il parvenait on le reprenait en chœur. Le refrain gagnait de proche en proche comme par ondulations, et l'on chantait le commencement d'un couplet à un bout de la salle qu'à l'autre bout il était presque fini. Jamais plus de patriotisme ne produisit une telle cacophonie.

C'est au point qu'un membre de la Commune, bien qu'habitué aux séances de l'hôtel de ville, en fut révolté et, ceignant son écharpe rouge, invita les auditeurs à se résigner à un rôle moins actif. Mais ce fut au tour des artistes à violer le programme. Plusieurs, renonçant à se faire entendre, avaient disparu. Les autres se bornèrent à déclamer successivement l'hymne national, des drapeaux à la main. Mme Bordas, seule, eut un succès personnel. C'est que, seule, elle était devant son public ordinaire. On se sépara à minuit et demi. C'était tard.

Ainsi se termina par une fête ce jour qui pour la Commune avait commencé par un deuil. Tandis que les fanfares démocratiques effarouchaient jusque sous les corniches des Tuileries les souvenirs aux ailes de hibou du vieux temps défunt, l'ex-frère Panille, des capucins de Brest et de la Commune de Paris, méditait sous les verrous que son ex-ami Rigault avait fermés sur lui. Comme Titus, le citoyen Cournet faisait le compte de sa journée et en était plus satisfait. Grâce à son nouveau décret, quatre ou cinq cents typographes de plus, ouvriers des journaux supprimés, allaient se trouver sans autre pain que celui que la Commune vendait au bout d'un fusil.

CHAPITRE XXXII.

ÉPISODES MILITAIRES. — LE FORT D'ISSY.

(6 mai — 9 mai.)

Sur la rive droite, la guerre d'avant-postes se continua avec acharnement pendant cette période. On cherchait moins, du côté des fédérés, à gagner du terrain qu'à opérer des surprises. Le nombre croissant des batteries de Versailles reculait sans cesse, par son feu, la ligne que les soldats de la Commune ne pouvaient franchir. Sur les points où il n'accroissait pas son champ d'opérations, l'investissement s'affirmait par une occupation plus intense. Les fédérés en tentaient l'épaisseur, pour ainsi dire, par des pointes souvent hardies, parfois meurtrières. C'est ainsi que le 6 mai ils se portèrent en masse sur l'île de la Grande-Jatte, mais ne purent franchir le pont de bateaux que défendaient des mitrailleuses. Ce fut un de leurs derniers mouvements en avant.

Mais à mesure que la guerre devenait uniquement pour eux une question de défense, ils y gagnaient d'évidentes qualités militaires, apprenant la vigilance, s'habituant au feu, devenant de vrais soldats. L'armée régulière, qui le sentait, ne dédaignait pas d'employer contre eux de véritables ruses. Témoin celle des gendarmes qui, pour les attirer dans une maison isolée de Neuilly, feignirent de l'abandonner et se retirèrent dans les caves. Tout d'abord le piége parut avoir réussi, car les gardes nationaux, à qui leurs chefs faisaient croire trop facilement que la terreur précédait leurs pas, n'eurent rien de plus pressé que de venir explorer le local. Rappelant en cela l'habileté d'un général de la défense nationale, ils le firent avec tant de soin qu'ils se retirèrent convaincus que les lieux étaient parfaitement déserts. Un vague sentiment de prudence les empêcha seul de s'y maintenir, mais leur surprise fut extrême quand, s'étant éloignés, ils aperçurent des formes humaines en sortir en grand nombre. Comme c'était la nuit et qu'ils craignaient de tirer sur les leurs, ils laissèrent partir les gendarmes en toute paix. Cette innocente partie se joua sans mort d'homme.

Les traits de courage individuel se multiplièrent pendant ces jours. En voici un qui, vraiment, rappelle la mémorable histoire de Cynégire et qui eut pour théâtre la rive d'Asnières, tout comme une simple scène de canotage. Un artilleur voulut se rendre compte de la position des Versaillais et se jeta à la Seine, son fusil au dos. Ayant silencieusement abordé de l'autre côté, il rechargea son arme après l'avoir essuyée, et se mit en quête comme un chien d'arrêt. A deux pas il se heurta contre une patrouille, sur laquelle il fit feu. Quatre coups répondirent au sien, dont un le blessa au bras. Il ne se rendit pas, mais, regagnant la berge, il replongea dans le fleuve, y traçant un mince et sanglant sillage. Ses forces s'épuisant par sa plaie, il faillit demeurer au milieu et était près de disparaître quand une barque le sauva.

Mais c'est au fort d'Issy que l'armée de la Commune montra vraiment une force de résistance qu'on n'aurait pu en attendre, avant l'aguerrissement qui lui vint fatalement de la continuité de ces tristes combats. Il était commandé par un nommé Wetzel, qui, à défaut de talents militaires, y témoigna d'une âme robuste et d'un indiscutable courage. Pour quelques irrégularités de service, le commandant Rossel l'avait révoqué, dès le 5 mai, par une lettre fort dure, et remplacé par un officier de son choix. Mais dans ce temps d'anarchie générale, les mesures n'étaient exécutées que par qui le voulait bien. Wetzel était demeuré à son poste, se contentant de ne pas recevoir son successeur quand il se présenta pour le remplacer. Ce procédé sommaire avait parfaitement réussi, et le citoyen Dumont, le nouvel élu du délégué de la guerre, avait failli se faire écharper pour s'être permis d'insister. (C'eût été bien fait, car la position n'avait rien d'enviable, et il y avait quelque chose de révoltant à venir disputer à qui que ce fût l'honneur de l'avoir tenue.) Après dix jours d'un bombardement continu, le 8 mai, le fort était dans un état tel qu'aucun parti ne pouvait plus en être tiré pour la défense. A peine un artilleur se montrait-il derrière une pièce, qu'il essuyait le feu de plusieurs décharges de mousqueterie, car les tranchées de l'armée de Versailles n'étaient pas à plus de cent cinquante mètres des talus. Il n'y avait plus ni casernements, ni casemates, ni abris d'aucune sorte. Les nombreux blessés des jours précédents étaient sous la menace constante des écroulements que chaque projectile ennemi déterminait. Chaque coup portait sur des parties ébranlées déjà par vingt chocs. Les terrains étaient tourmentés comme par un cataclysme récent. Cent vingt hommes environ tenaient encore là et le colonel Wetzel à leur tête. Ce dernier, qui depuis sa destitution semblait chercher la mort, l'obtint ce jour-là d'une balle qui lui traversa la face. Deux heures après, à cinq heures du soir, l'évacuation commença et dura jusqu'à minuit, pendant que Paris tout entier, détourné de ce sanglant spectacle par l'admirable incendie des bâtiments du fort de Vanves, en contemplait la lueur rouge dans le ciel et dans la Seine.

Le lendemain une brève affiche du commandant Rossel annonçait simplement que *le drapeau tricolore flottait sur le fort d'Issy.*

CHAPITRE XXXIII.

OÙ L'ON REVOIT LE COMITÉ CENTRAL.

Pendant le court règne de la Commune, le mystérieux élu des deux cent quinze bataillons problématiques ne s'était guère révélé que par des affiches impertinentes pour le pouvoir municipal. La formation du Comité *de salut public,* qui semblait ne pas procéder aussi directement de lui, le fit soudain sortir de l'ombre où il rédigeait ses *memoranda,* et le commandant Rossel dut accepter sa collaboration. L'avis suivant, à la date du 5 mai, en est la preuve, et je le cite en entier parce que sa forme même témoigne de la contrainte que dut subir, dans cette occasion, le nouveau délégué de la guerre. Il est adressé à tous les chefs de service dépendant de la délégation : « Citoyens, dit le commandant Rossel, j'ai l'honneur de vous informer que, d'accord avec le Comité de salut public (*qui avait dû recourir au Comité central pour avoir en main la force armée*), j'ai admis *en principe,* et je vais mettre immédiatement en pratique le concours *complet* du Comité central de la fédération de la garde nationale pour *tous* les services administratifs et pour la plus grande partie des services d'organisation dépendant de la délégation de la guerre.

« Cet accord a été motivé, de ma part, par les raisons suivantes :

« L'impossibilité de recruter en temps utile le personnel administratif nécessaire au service ;

« La convenance de séparer absolument l'administration du commandement ;

« La nécessité d'employer de la manière la plus efficace non-seulement la bonne volonté, mais *la haute autorité révolutionnaire* du Comité central de la fédération.

« *Signé :* ROSSEL. »

Le lendemain l'*Officiel* contenait l'arrêté suivant :

« La délégation de la guerre comprend deux divisions :

« Direction militaire ;

« Administration.

« Le colonel Rossel est chargé de l'initiative et de la direction des opérations militaires.

« Le Comité central de la garde nationale est chargé des différents services de l'administration de la guerre, sous le contrôle direct de la Commission militaire communale. »

On se rappelle que Cluseret avait été destitué pour avoir voulu regarder de trop près la gestion pécuniaire *des différents services de l'administration de la guerre.* Le commandant Rossel, par un scrupule d'honnêteté matérielle peut-être, n'avait pas été fâché sans doute de confier à d'autres yeux la surveillance de ce détail que le Comité central ne perdait pas de vue. Mais le malheureux délégué de la guerre avait compté sans le Comité *de salut public,* qui, tout en lui imposant la collaboration du Comité central, s'était, paraît-il, réservé la haute main sur le tout. C'est au moins ainsi que l'avait compris M. Félix Pyat, qui donna directement des ordres aux généraux sans plus s'inquiéter du Comité central que de M. Rossel. Aussi le lendemain même de l'évacuation du fort d'Issy ce dernier envoya sa démission à la Commune dans la lettre que voici, et qui résume la situation à merveille :

« Paris, ce 9 mai 1871.

« Citoyens membres de la Commune,

« Chargé par vous, à titre provisoire, de la délégation de la guerre, je me sens incapable de porter plus longtemps la responsabilité d'un commandement où tout le monde délibère et où personne n'obéit.

« Lorsqu'il a fallu organiser l'artillerie, le Comité central d'artillerie a délibéré et n'a rien prescrit. Après deux mois de révolution, tout le service de vos canons repose sur l'énergie de quelques volontaires dont le nombre est insuffisant.

« A mon arrivée au ministère, lorsque j'ai voulu favoriser la concentration des canons, la réquisition des chevaux, la poursuite des réfractaires, j'ai demandé à la Commune de développer les municipalités d'arrondissement.

« La Commune a délibéré et n'a rien résolu. »

(*Ce dernier reproche est injuste, les municipalités n'ayant pour force exécutive que la garde nationale qui ne pouvait en recevoir aucun secours que par ses propres ressources, ce qui constituait un admirable cercle vicieux.*)

« Plus tard le Comité central de la fédération est venu *presque impérieusement* offrir son concours à l'administration de la guerre. Consulté par le Comité de salut public, j'ai accepté ce concours de la manière la plus nette et je me suis dessaisi, en faveur des membres de ce Comité, de tous les renseignements que j'avais sur l'organisation. Depuis ce temps-là le Comité central délibère et n'a pas encore su agir. Pendant ce délai, l'ennemi enveloppe le fort d'Issy d'attaques aventureuses et imprudentes dont je le punirais si j'avais la moindre force militaire disponible.

« La garnison mal commandée prenait peur, et les officiers délibéraient, chassaient du fort le capitaine Dumont, homme énergique, qui arrivait pour les commander, et, tout en délibérant, évacuait le fort, après avoir parlé sottement de le faire sauter, chose plus impossible pour eux que de le défendre.

« Ce n'est pas assez. Hier, pendant que chacun devait être au travail ou au feu, les chefs de légion délibéraient pour substituer un nouveau système d'organisation à celui que j'avais adopté afin de suppléer à l'imprévoyance de leur autorité toujours mobile et mal obéie. Il résulta de leur conciliabule un projet au moment où il fallait des hommes, et une déclaration de principes au moment où il fallait des actes.

« Mon indignation les ramena à d'autres pensées, et ils ne me promirent pour aujourd'hui, comme le dernier terme de leurs efforts, qu'une force organisée de 12,000 hommes avec lesquels je m'engage à marcher à l'ennemi. Ces hommes devaient être réunis à onze heures et demie. Il est une heure, et ils ne sont pas prêts; au lieu de 12,000, ils sont envion 7,000. Ce n'est pas du tout la même chose,

« Ainsi la nullité du comité d'artillerie empêchait l'organisation de l'artillerie; les incertitudes du Comité central de la fédération arrêtent l'administration; les préoccupations mesquines des chefs de légion paralysent la mobilisation des troupes.

« Je ne suis pas homme à reculer devant la répression (*témoin la condamnation du commandant Giraud*) et hier encore, pendant que les chefs de légion discutaient, le peloton d'exécution les attendait dans la cour. Mais je ne veux pas prendre, seul, l'initiative d'une mesure énergique, endosser, seul, l'odieux des exécutions qu'il faudrait faire pour tirer de ce chaos l'organisation, l'obéissance et la victoire. Encore si j'étais protégé par la publicité de mes actes et de mon impuissance, je pourrais conserver mon mandat; mais la Commune n'a pas eu le courage d'affronter la publicité. Deux fois déjà je vous ai donné des éclaircissements nécessaires, et deux fois, malgré moi, vous avez voulu avoir le comité secret.

« Mon prédécesseur a eu le tort de se débattre dans une situation absurde.

« Éclairé par son exemple, sachant que la force d'un révolutionnaire ne consiste que dans la netteté de sa situation, j'ai deux lignes à choisir : briser l'obstacle qui entrave mon action, ou me retirer.

« Je ne briserai pas l'obstacle, car l'obstacle, c'est vous et votre faiblesse. Je ne veux pas attenter à la souveraineté publique (*c'est trop de scrupule dans ce cas*).

« Je me retire donc, et j'ai l'honneur de vous demander une cellule à Mazas.

« ROSSEL. »

Sans aucun doute, le citoyen Rossel allait obtenir cette faveur, quand, après s'être spontanément constitué prisonnier, il parvint à s'évader, entraînant dans sa fuite le citoyen Gérardin, membre de la Commune et du Comité de salut public, qui avait été préposé à sa garde. Cette conclusion de son réquisitoire, aussi noble que rigoureux, en détruisit quelque peu l'effet. On lui donna pour successeur M. Delescluze, qui s'annonça à la garde nationale par une proclamation un peu plus nuageuse que tout ce qu'il avait écrit jamais au *Réveil*. Cette nomination était une sorte de compromis entre le Comité de salut public qu'elle affirmait et le Comité central qui obtenait de traduire Rossel devant une cour martiale. Mais l'idée de M. Delescluze général d'armée fit rire aux larmes tout ce qui, dans Paris, n'avait pas d'autre occasion de pleurer.

CHAPITRE XXXIV.

LES CITOYENS FÉLIX PYAT.

Ils étaient au moins deux de ce nom et devaient furieusement se détester. S'ils étaient frères, c'était une nouvelle édition des *frères ennemis*. L'un ne pouvait parler que l'autre ne le démentît huit jours après, mais toujours sous une forme polie et sans personnalité aucune. Ils avaient sans doute une secrète raison de se ménager, tout en étant d'avis opposés sur toutes choses. Jamais homonymes n'ont protesté plus vivement contre l'identité. Chose bizarre, quand l'un combattait l'opinion de l'autre, c'était toujours sans y faire allusion et comme par un effet de pur hasard. Le singulier duo !

Tous deux étaient à la fois au *Vengeur* et à la Commune, qui comptait, grâce à eux, un membre en surnombre. Portés l'un et l'autre aux mesures de rigueur, chacun d'eux ne blâmait que celles qu'avait prises son Sosie. Celui-ci demandait à la Commune la suppression de tous les journaux importants. La mesure prise, celui-là la blâmait de suite dans le *Vengeur*. Pyat-Castor, membre du Comité de salut public, donnait directement des ordres au général Wrobleski. Pyat-Pollux déclarait le même jour que ce Comité *ne devait intervenir que pour assurer l'autorité de la Commune*. Pyat-Étéocle adressait dans son journal une épître à M. Thiers pour l'engager à la conciliation. Pyat-Polynice demandait incontinent, dans la même feuille, que tous les promoteurs de transactions fussent décrétés de trahison et arrêtés.

Les ignorants étaient portés à les confondre, et conduits, par là, à les vilipender sans trêve. Mais où tous deux se ressemblaient, c'est dans le pardon des injures qu'ils pratiquaient l'un et l'autre avec une égale horreur de leur propre sang. L'un avait fait d'assez bons drames que l'autre avait gâtés à plaisir en y logeant mille incongruités. Son désir manifeste était de faire siffler l'œuvre de son homonyme : il y avait souvent réussi. Sous le prétexte qu'ils avaient à eux deux quatre joues pour recevoir les soufflets, ils les avaient brigués avec succès, car ils s'associaient volontiers pour certaines choses.

Ils n'avaient par exemple, à eux deux, qu'une cervelle : *O chère petite balle* que cette cervelle-là ! Chère au pays, très-dure et surtout si petite ! Le vilain petit morceau de cervelle, plein d'imaginations noires, de coups d'État manqués, d'ambitions malsaines, de notions fausses, d'idées sanguinaires, d'incapacités révoltées, d'antiphrases, de néologismes et d'antithèses! — le trou à fumier du jardin de Victor Hugo.

CHAPITRE XXXV.

COUPS DE CANON ET COUPS DE MARTEAU.

(10 mai — 12 mai.)

Le fort d'Issy écrasé, tous les efforts de l'armée de l'Assemblée devaient se tourner sur celui de Vanves. C'est ce qui fut fait avec la correction rare qui signala, de la part des assaillants, les opérations militaires de ce second siége de Paris. La position de plusieurs batteries fut modifiée, et les autres continuèrent leur feu sur le village situé en arrière du fort démantelé, et que les fédérés occupaient encore. Triste village d'Issy! Dressé en plein vent comme un pêcher sauvage, c'était, à quelques pas de la grande ville, le lieu le plus agreste qu'on pût trouver dans un large rayon. Voilà six mois que, sans interruption presque, le vent des obus le fouettait et jetait à terre, une à une, ses petites maisons de briques, rouges et égrenées le long du grand chemin comme des fruits le long d'une branche. Les bourgeois aisés y venaient peu, n'y trouvant pas de ces châteaux forts en carton-pierre, où les boutiquiers retirés aiment à rêver vie seigneuriale, entre une cour composée d'une cuisinière et une meute constituée d'un ratier. Mais les ouvriers y abondaient, avec le sourire des enfants devant leur porte, et les petits rentiers, qui, vieillis sous le harnais administratif, cherchent le vert, comme les chevaux hors d'âge et broutent la première herbe venue. Population souffrante dans le présent ou dans le passé, laborieuse et passive, réjouie de bien peu et ne souhaitant, dans l'avenir, que le repos. La guerre est surtout cruelle quand elle frappe ces désintéressés de toutes choses, que nulle passion ne console et qui n'ont pas assez reçu de la vie pour en devoir tout supporter !

Triste village d'Issy ! Comme ses habitants dont les yeux seuls avaient connu les richesses humaines, il se dédommageait, par une vue splendide, de sa propre aridité, car de son sommet il voyait se dérouler l'immense panorama que ferment de tous côtés les bois profonds de Clamart, de Meudon et de Saint-Cloud, bords dentelés du vase multicolore au fond duquel la Seine serpente comme une anguille emprisonnée. C'est de ce cercle de verdure d'où lui venait d'ordinaire l'immense rayonnement des splendeurs voisines que pleuvaient maintenant sur lui la mitraille lointaine et la mort.

Ses malheureux hôtes, manquant sans doute d'asile ailleurs, ne l'avaient pas complétement abandonné, acteurs résignés des plus sombres épisodes. En voici un dont la nuit du 9 mai fut témoin. Un obus, écrasant la maison d'un ouvrier, tua du coup le père et la mère, épargnant le berceau où dormaient deux enfants. Un étranger prit ces pauvres petits qu'il promena de commissariat en commissariat, sans pouvoir leur trouver de gîte. Quand la charité privée leur en ouvrit un après bien des recherches, tous deux dormaient.

Cette nuit-là l'incendie des bâtiments du fort de Vanves, allumé la veille par les obus de l'armée de Versailles, élevait encore dans l'air une épaisse colonne de fumée qui découpait le ciel, puis s'y perdait. La canonnade était intense dans cette direction et Paris ne dormit guère. On croyait si bien à la possibilité d'un assaut, que le lendemain matin de nombreux bataillons étaient massés sur la place du Panthéon, prêts à partir. On y comptait beaucoup de femmes qui, le chassepot en bandoulière, parlaient vengeance avec un air véhément. Une partie seulement se mit en marche. Des pièces de canon furent aussi dirigées vers le bastion 76, qui, situé entre Montrouge et Vanves, allait devenir un point central de résistance. Tout le jour, le fort eut à subir les feux convergents de Châtillon, de Bagneux, des Moulineaux et de Meudon, où la position des pièces avait été modifiée, sans compter les batteries volantes. Ce fut un effroyable vacarme, un *crescendo* marqué dans l'épouvantable symphonie des jours précédents. Ce n'était pas l'écho qui répondait sur la rive droite, mais une autre canonnade. Comme le bâton d'un chef d'orchestre, un petit nuage de fumée oscillait au-dessus du mont Valérien. Les batteries de Montretout faisaient au concert une basse formidable. Montmartre, récemment armé, tirait sans relâche sur la redoute de Gennevilliers, qu'il atteignait rarement, comme j'ai pu le constater. Pendant ce temps, non moins éprouvés que les habitants d'Issy, ceux de Saint-Cloud quittaient une seconde fois, sous la menace d'un nouveau bombardement, les ruines prussiennes et émigraient à Vaucresson. Le deuil était sur les deux rives de la Seine.

La journée du lendemain fut une des plus meurtrières pour les fédérés. Les combats furent incessants entre Issy et Vanves. Toute la partie nord du village était le soir au pouvoir de l'armée régulière, et le fort, dont une batterie de mitrailleuses décimait les artilleurs, répondait à peine. Le bruit courut qu'il était pris et la générale fut battue sur toute la rive gauche. C'était une de ces alertes sans nombre que l'organisation déplorable de l'état-major des fédérés rendait seule possibles. Quand on pense que trois jours après la prise d'Issy les rédacteurs du *Vengeur* trouvaient encore moyen de la faire passer pour un faux bruit et rencontraient des journaux assez naïfs pour discuter avec eux un fait absolument matériel et vérifiable en dix minutes, on ne doit pas être étonné de ces surprises subites de l'opinion

Un très-long engagement eut lieu le même jour aux approches du pont d'Asnières, mais les résultats en furent moins appréciables. Le plus net fut l'installation par les soldats de l'Assemblée d'une nouvelle batterie de mortiers dans un jardin, près de l'avenue Inkermann et l'une des plus rapprochées de l'enceinte.

Depuis plusieurs jours déjà tous leurs mouvements aboutissaient à l'occupation d'une position nouvelle pour leur artillerie sans cesse croissante.

C'est ainsi que le 12, tandis que les fédérés concentraient leurs forces autour de Vanves, ils se jetèrent dans le petit Montrouge et y établirent de suite des batteries volantes. Le même jour ils achevaient d'occuper le village de Boulogne et, par le pont de bateaux définitivement établi à Suresnes, recevant de nombreux renforts, se concentraient dans le bois de Boulogne, où leurs avant-postes atteignaient la hauteur du restaurant d'Ermenonville.

Toutes ces évolutions s'accomplissaient sous la protection et sous la menace tout ensemble d'un combat d'artillerie dont le bruit était devenu une telle habitude de l'air, que les oiseaux mêmes n'en paraissaient plus effrayés.

Paris, non plus, ne s'en émouvait guère et ses rues silencieuses ne recevaient aucune ondulation de l'immense mouvement du dehors. On eût dit ces visionnaires arabes qui gardent une âme sereine pendant les terribles convulsions de leurs membres. C'était comme un rêve agité dont les crispations des extrémités témoignent seules. Quel poison si puissant avait endormi la grande ville? Nul ne le sait encore. Un seul sens lui était resté : la curiosité indomptable et malsaine qui, dans les temps calmes, l'agite les jours d'exécution.

Ainsi, malgré la garde formidable de fédérés et de hautes pierres qui défendait la place Vendôme, la foule s'y portait tous les jours dans l'espoir d'assister à la chute de la colonne. On y travaillait sans relâche, mais le vieux bronze tenait bon. On avait dû, tour à tour, le scier et le déboulonner, et les deux choses avaient été trouvées également malaisées. De rage on le frappait de temps en temps à tour de bras. Le public accueillait par des acclamations chaque mutilation de l'idole, sauf un vieillard que je vis un jour verser des larmes devant ce spectacle. Quiconque n'a jamais vu pleurer un chien ignore l'intensité de douleur dont certains êtres sont susceptibles et combien l'âme en est remuée. Ce vieillard était plus touchant que grotesque. Tandis qu'il gémissait silencieusement, les gamins chantaient d'une voix railleuse ce couplet populaire :

> Le p'tit tondu qu'est sur la place Vendôme
> D'puis qu'il est mort, on n'en dit plus tant d' mal !
> Quand il était vivant, le pauv'cher homme,
> On lui trouvait l'caractère inégal :
> — Y en avait même qui l'appelaient brutal.
> Peuple français, respect à ceux qu'on pleure !
> — La perfection n'est pas l' fait des Titans,
> Et, s'il avait parfois d' mauvais quarts d'heure,
> Faut l' dire tout d' même, il avait d' bons moments !

Un lit de fumier de plusieurs mètres destiné à amortir l'ébranlement de la chute était accumulé sur la place et deux chèvres immenses entretenaient l'impatiente espérance du public. Malgré tous ces apprêts, le *p'tit tondu* demeurait debout sur son piédestal en forme de flûte.

Quand on pense que la Commune voulait jeter à bas ce monument laid, mais historique, pour témoigner de son amour aux autres peuples de l'Europe qui venaient de laisser étrangler la France par la Prusse, on croit assister à une de ces pantomimes où Pierrot, après avoir essayé de rosser les brigands qui veulent le dépouiller, les embrasse parce qu'il se sent le moins fort et leur exprime, en gestes touchants, qu'il est leur meilleur ami. Un peuple belliqueux choisir le lendemain d'une défaite pour renoncer à la guerre ! Cela passe l'imagination. Mais ces théoriciens imbéciles ne sentaient pas le ridicule de ce mal à-propos. Ces rénovateurs croyaient de la part des nations aux régénérations spontanées; ils ne se doutaient pas qu'il faut le consentement des deux parties, même pour fonder une affection étroite, et que la France ne pouvait faire seule les frais de la fraternité européenne.

CHAPITRE XXXVI.

L'ÈRE D'EXÉCUTION.

(13 mai — 16 mai.)

Il y avait sept semaines que la Commune décrétait des mesures terroristes et juste autant de temps que ces mesures demeuraient sans exécution. On commençait à croire, de sa part, à une sorte de folie douce compatible avec une sociabilité relative. Quelque deux cent mille hommes qu'atteignaient les pénalités les plus rigoureuses continuaient de se promener dans Paris, sans trop rappeler par leur allure le *Dernier Jour d'un condamné* du grand poëte. Les seuls condamnés sérieux étaient les pauvres diables qu'elle envoyait aux remparts, enfiévrés de faux patriotisme et de faux vin, mi-héros et mi-ivrognes qui mouraient inconsciemment d'insolations et d'éclats d'obus. Hors pour ceux-là, l'état sanitaire était parfait.

L'arrivée de M. Delescluze aux affaires devait changer

tout cela et ouvrir l'ère de la terreur *pratique*. M. Delescluze est un homme à qui il serait aussi illogique de refuser la main qu'un cabanon. La sincérité de ses convictions force une certaine dose de respect qui se traduisait, depuis vingt ans, dans tous les journaux par un brevet d'*honnêteté*. L'*honnêteté* de M. Delescluze est un axiome. C'est, en effet, un homme fort poli, mais entendons-nous sur le reste. Que M. Delescluze soit dans les meilleurs termes du monde avec sa conscience, à lui, cela le regarde exclusivement. Cela prouve simplement qu'il a l'esprit faux. Mais, à côté de la *conscience individuelle,* véritable *sens* de l'âme, lequel peut être incomplet, infidèle, dévié tout comme les sens physiques, existe la *conscience générale,* résultante de toutes les consciences des êtres formant un faisceau social, produit de l'expérience des âges, réglant les conditions de chaque milieu humain, s'exprimant par la *loi* et s'imposant par le *devoir*. L'homme variant peu lui-même, avec les temps et les pays, elle a des préceptes généraux qu'on a pu prendre pour des manifestations supérieures, et qui ne sont que des conditions d'équilibre, témoignant de lois morales aussi positives que celles qui régissent les corps matériels.

Or, si vous le voulez bien, c'est relativement à cette *conscience générale* et non à l'autre que se doit apprécier l'*honnêteté* d'un homme *public*. La distinction en vaut la peine. Au point de vue individuel, Torquemada est un héros. — Au point de vue général, c'est un monstre. Ainsi Philippe II, ainsi tant d'autres et...

je n'hésite pas à le dire, M. Delescluze par-dessus le marché.

Les esprits essentiellement religieux par nature sont sujets à ces déviations profondes qui se traduisent par le sacrifice absolu des sentiments les plus strictement humains. C'est le cas de M. Delescluze, grand prêtre d'un idéal peu défini, mais impitoyable. Sa première proclamation ressemble beaucoup à celle de M. Trochu, que l'imprimerie nationale n'a pas oubliée, bien que les murs en aient été privés au dernier moment. M. Delescluze met la situation désespérée de la ville assiégée sous le patronage de sainte République universelle, sa sainte Geneviève, à lui, et il regarderait volontiers, comme un premier gage de sa protection, le bombardement qui, à son point de vue, déshonore l'armée ennemie.

Cette homélie faite, le nouveau délégué de la guerre, successeur du commandant Rossel que sa bravade héroïque avait fait surnommer, dans les faubourgs, le *Ducrot du pauvre,* entre résolûment en matière. Tout se fit d'ailleurs correctement et comme sous le meilleur des empires. L'*Officiel* du 12 annonça la découverte d'un complot. La livraison du fort d'Issy était une trahison que des intrigues monarchiques au dedans complétaient. « *Tous les fils de la trame ténébreuse* étaient aux mains du Comité de salut public. » (*Pyat pinxit.*) Le crime était *effroyable* et le châtiment *exemplaire*. Tel était ce document classique en diable, mais toujours nouveau.

Les conséquences ne s'en firent pas attendre : une

véritable battue fut organisée le lendemain contre les réfractaires dans tous les arrondissements, spécialement les 5e, 6e (quartier Latin) et 9e (quartier Breda). Les abords de ce dernier furent fermés dès neuf heures du matin, et, jusqu'à quatre heures, les passants y furent arrêtés, tandis que les maisons étaient fouillées jusqu'aux caves. Pauvre quartier de vie joyeuse, comme il expia, ce jour-là, ses pompes mondaines, ses éclats de rire et sa gaieté légendaire! On n'y rencontrait que prisonniers emmenés par des *pantouflards* en goguette. Ceux-ci les conduisaient à Notre-Dame-de-Lorette, où les peintures de Signol ne devaient pas les consoler. Pour gendarmes, de tels ivrognes et un tel musée pour prison! L'arrière-destinée! Toutes les persiennes étaient fermées. Derrière quelques-unes, des femmes aussi légères que faméliques risquaient un œil curieux, un vrai sujet d'élégie pour Gustave Nadaud.

Pendant ce temps-là, on donnait à la maison de M. Thiers les premiers coups de pioche, et M. Protot demandait à la Commune ce qu'il fallait faire des *petits bronzes* (sic) inclus dans cet immeuble; M. Courbet lui répondait avec indignation que ces *petits bronzes* valaient 1,500,000 fr. et étaient dignes d'un musée; M. Paschal Grousset demandait qu'un historien fût attaché à ce petit travail de classement et se désignait modestement pour cet emploi; M. Beslay, lui, donnait sa démission, non pas qu'il trouvât qu'on eût tort de vendre le bien d'autrui, mais parce que les formalités de la vente lui paraissaient incomplètes, une simple affaire de procureur. Je n'aurais jamais cru ce médiocre penseur si grand huissier. — Par exemple, je croyais bien autrement sage M. le comte de Chambord, qui lança, ce jour-là, dans l'*Union*, un manifeste antédiluvien non moins digne du Muséum que les bronzes de M. Thiers, du Musée. Les élections absolument républicaines des conseils municipaux lui montrent clairement que *la France revient à lui*. — En prenant un fier détour, n'est-ce pas? Et pourtant cette page insensée est pleine d'une indiscutable noblesse et d'une *honnêteté* qui laisse loin derrière elle celle de M. Delescluze. Mais que vaut en politique l'honnêteté seule? Ce que vaut une empreinte sur l'argile quand la pièce précieuse est perdue.

Après cette terrible journée, le quartier qui confine à Montmartre eut les joies d'un vrai feu d'artifice. Les nouvelles pièces commencèrent à tirer, au milieu de la nuit, du pied du classique moulin de la Galette, et firent une hécatombe de vitres. Hélas ! les carreaux ne furent pas leurs seules victimes. On apprit le lendemain que leur tir mal dirigé avait couvert d'obus Clichy, les Ternes et Levallois, sous prétexte d'atteindre le château de Bécon, et tué beaucoup de fédérés en service. C'était la répétition de la canonnade du moulin Saquet. Les journaux de la Commune affirmèrent, deux jours après, que ce *malentendu* provenait d'une nouvelle trahison du gouvernement de la Défense qui avait chargé de sable ces munitions. On continua néanmoins de s'en servir en modifiant la direction des pièces.

C'est ce samedi 13 mai qu'eut lieu le second concert des Tuileries. Tel fut l'effet produit par les poésies démocratiques qui y furent débitées, que, ne trouvant personne à arrêter, les enthousiastes s'emparèrent de M. Schœlcher et le conduisirent en prison sans prévenir le citoyen Rigault, ce qui prolongea sa captivité de deux jours. Cette espièglerie amusa beaucoup M. le délégué de la justice.

C'était, d'ailleurs, la journée aux surprises, car les gardes nationaux avaient empoigné dans l'après-midi — devinez qui? — le *Père Duchêne* lui-même, le bon patriote Vermesch, et avaient voulu forcer ce jeune homme à prendre un fusil! Allons donc! lui qui s'était fourré dans les ambulances pour éviter le service contre les Prussiens! Son indignation fut si grande qu'il en attaqua le *Comité central* le lendemain, ce doux poëte. Que diable, messieurs,

> Laissez les enfants à leurs mères
> Et les mères à la maison!

Le citoyen Vermesch était venu à Paris pour *faire des vers* et non pas pour s'y battre. Mais il aimait diablement faire battre les autres, ce b... b...-là! Ce fut à cette époque l'unique client de la *Maison d'or*.

Les visites domiciliaires et les arrestations en plein vent n'ayant pas sans doute donné tout ce qu'on en pouvait légitimement attendre, l'*Officiel* du 14 perfectionna les moyens de recherche en exigeant qu'aucun citoyen ne sortît plus que muni d'une *carte d'identité*.

C'était pratique. Chaque carte ne pouvant se délivrer que devant deux témoins faciles à trouver (car ils étaient menacés des plus affreux supplices pour toute déclaration suspecte), la délivrance de ces brevets n'eut pas duré moins d'un mois, pendant lequel la circulation eût été réduite aux premiers titulaires. Ce n'en fut pas moins une mesure exquise en ce qu'elle permit au commandant de la 12e légion de lancer un ordre mémorable. Ce militaire fantaisiste, ayant créé une compagnie de citoyennes *volontaires,* décida que ce serait des femmes qui opéreraient ces arrestations, et leur enjoignit d'*invectiver* les lâches jusqu'à ce que le courage leur revînt. Ces nouvelles amazones, qui n'avaient rien sacrifié de leurs grâces symétriques, acceptèrent avec enthousiasme ces fonctions de sergents de ville, et leur brutalité fit parfois illusion.

Dans les arrondissements moins privilégiés c'étaient de simples hommes, les premiers gardes venus, qui accomplissaient cette noble tâche. Une armée d'agents de police spontanés ! — A Paris ! — Quel cauchemar ! — A voir cette vocation générale, on se serait cru en Corse.

Je ne sais pas, par exemple, où on aurait pu se croire en lisant l'affiche que le citoyen Paschal Grousset rédigea le lendemain. Elle était adressée aux villes de France qui y apprenaient que le *centralisme* monarchique était le grand ennemi. Le *centralisme?...* — Où diable cela peut-il se dire? Je cherche les endroits les plus chimériques, le *Monomotapa, Tombouctou,* l'*Éten-*

dard, que sais-je, moi? — Ce qui m'a toujours fait croire, chez ce jeune écrivain, à l'intention de fonder une langue nouvelle, ayant le moins d'analogie possible avec le français, c'est que, chaque fois qu'il lançait dans la circulation un mot nouveau, il faisait supprimer en même temps tous les journaux qui ne l'avaient pas immédiatement adopté. C'est sans doute à leur obstination coupable vis-à-vis de son néologisme fécond que six feuilles durent encore d'être interdites ce jour-là : c'étaient le *Corsaire,* la *Discussion,* le *Journal de Paris,* l'*Union française,* le *Siècle* et le *National.* La précision des renseignements militaires donnés par ces deux dernières entrait peut-être bien pour quelque chose dans la décision prise par le Comité de salut public à leur égard. On aurait certainement su, par elles, que le fort de Vanves avait été pris la veille, la garnison ayant dû fuir par les souterrains, tandis que l'*Officiel* se contentait d'éditer la note ci-jointe, qui est un chef-d'œuvre renouvelé de M. Palikao : « Vanves, journée calme. (Parbleu! après l'occupation.) Positions, *les mêmes.* » Ce *les mêmes* est un bijou. Les nouvelles ayant escamoté les résultats de la veille qui étaient la prise du fort par l'armée régulière, ce *les mêmes* vous reportait aux positions de l'avant-veille et trompait absolument l'opinion publique. Le jésuitisme prussien lui-même était dépassé.

Grâce à l'erreur générale, cette journée du 15 fut vraiment une belle journée pour la boulangerie parisienne. Ils étaient bien 1,200 dans le cirque Napoléon, boulangers et mitrons qui venaient remercier la Commune d'avoir supprimé le travail nocturne et jeté à terre le préjugé du pain frais. Le citoyen Dupas affirma que la moralité de la corporation allait y gagner cent pour cent. J'avoue que j'ignore encore ce qu'avaient d'immoral les anciennes occupations des garçons boulangers. Leur nudité que trahissaient les soupiraux, le long des trottoirs, n'avait rien qui me choquât, moi noctambule de profession, mais je constate que maintenant ce sont les jeunes filles qui se promènent le jour qui en auront le spectacle; car je ne suppose pas qu'on ferme les seuls trous par où ces robustes ouvriers respirent. La réunion se termina par une procession sur le boulevard. Dire que c'était imposant et grandiose serait une exagération manifeste. Le public d'ailleurs n'était guère à cette manifestation farinière. On lui avait promis, pour ce jour-là, la chute de la colonne et il attendait, aux abords de la place Vendôme, l'écroulement de cette gigantesque pile de pièces de deux sous.

Ce fut seulement le lendemain 16 que le colosse s'ébranla, après avoir brisé deux fois les cordages du cabestan. C'est à six heures du soir qu'il toucha le sol, meurtri et éparpillé. Un hurra formidable salua sa chute, mais il n'était pas uniquement approbatif; car des artilleurs à cheval qui gardaient la rue Croix-des-Petits-Champs menacèrent de leurs mousquetons plusieurs groupes hostiles. Beaucoup de femmes pleuraient à chaudes larmes. Grâce à l'immense stupeur qui suivit le choc sur le sol amorti par du fumier et des fascines, le citoyen Bergeret put prononcer un discours qui ne devait qu'ajouter fort peu à l'émotion générale. Le bronze avait touché la terre sans presque l'ébranler, et l'écroulement de tant de gloire fit moins de fracas que le renversement d'un arbre par l'orage. La statue de l'Empereur s'était séparée de ses pieds avant d'arriver au sol, où elle eut un bras et la tête brisés. Ce fut une chose fort sotte à faire sous les yeux de l'étranger.

La Commune, qui n'avait pas la solidité de l'airain, se disloqua ce jour-là presque autant que la colonne : vingt et un de ses membres se séparèrent publiquemnt des autres, blâmant l'irresponsabilité dont l'administration municipale s'abritait derrière le Comité de salut public, et déclarant qu'ils ne viendraient plus à l'assemblée que lorsqu'elle se constituerait en cour de justice pour juger un de ses membres : c'étaient les citoyens Beslay, Jourde, Theisz, Lefrançais, Eugène Gérardin, Andrieu, Vermorel, Clémence, Serrailler, Longuet, A. Arnould, V. Clément, Avrial, Ostyn, Franckel, Pindy, Arnold, J. Vallès, Tridon, Varlin, Courbet, — à peu près tout l'élément *littéraire* de cette étrange réunion. En même temps la direction des fortifications intérieures était enlevée au citoyen Gaillard père. Ce nouveau Simon se serait certainement, en effet, encore mieux entendu à élever un prince que des barricades. Clément fut arrêté, ce qui réduisait encore le personnel délibérant de la Commune. Voici de curieux renseignements sur son effectif à cette époque :

Sur 106 membres élus en deux fois, 2 avaient refusé immédiatement : Garibaldi et M. Rogeard ; 21, appartenant pour la plupart à l'ancienne municipalité, avaient donné leur démission ; 2, Flourens et Duval, étaient morts ; 2, Gérardin et Rossel, étaient en fuite ; 2, Blanqui et Clément, étaient détenus, l'un par l'autorité régulière, l'autre par la Commune. En ajoutant à ceux-là les 21 qui venaient de déclarer qu'ils ne prendraient plus part aux séances, on avait un effectif de 50 membres, soit près de la moitié, ayant abdiqué toute collaboration dans son œuvre. M. Delescluze n'en paraissait pas moins convaincu que rien n'était plus régulier que cette assemblée municipale élue sous la menace du canon, décimée par le désaccord et recrutée, au mépris de toutes les lois électorales connues. Sa *conscience individuelle* n'était nullement révoltée par l'idée qu'une minorité s'affirmant chaque jour davantage avait pris en main les destinées de la plus grande ville du monde, qu'elle avait tué la liberté individuelle et méconnu la liberté de conscience. Il se trouvait *honnête* comme cela et trouvait aussi des idiots pour le lui dire.

CHAPITRE XXXVII.

OPÉRATIONS MILITAIRES.

(Même période.)

Le fait le plus important fut l'occupation du fort de Vanves par l'armée régulière. Elle eut lieu le dimanche 14 mai, dans la matinée, et l'*Officiel* n'ayant pas jugé à propos d'en informer la population parisienne, ce fut le lendemain seulement que la nouvelle en fut assurée. Des hommes couverts de boue, défaits et en lambeaux, descendirent des hauteurs de Montrouge et contèrent le désastre. C'étaient les malheureux défenseurs du fort qui, n'ayant pu s'en échapper que par les souterrains, et s'étant perdus dans les ténèbres, étaient demeurés quatorze heures sous terre. On sut par eux que, l'investissement du fort étant complet et les soldats de l'Assemblée en occupant déjà les fossés, la position n'était plus tenable et avait dû être abandonnée. La précipitation de la retraite fut telle, qu'aucune pièce ne fut enclouée, que les blessés tombèrent au pouvoir des assaillants, et que les morts même n'avaient pas été enlevés. On avait fui par un chemin reliant sous terre le fort de Vanves à celui de Montrouge. Mais, bien que des terrassiers eussent été envoyés de ce dernier pour guider les voyageurs, ceux-ci ne parvinrent au but qu'après de longues souffrances. Les premiers coups de fusil sur les remparts furent tirés, ce jour-là, entre Issy et Vanves. Les fédérés s'appuyaient encore sur la droite, au chemin de fer de l'Ouest, et à la gauche au village de Montrouge. Cette ligne de défense devint le théâtre d'un combat de mousqueterie incessant, tandis que les bastions 73 et 74, dernière position de leur artillerie dans ce rayon, couvraient d'obus à pétrole les hauteurs du village et le lycée, que les soldats de Versailles reliaient au fort par une tranchée. Ils durent évacuer dans la nuit le village de Cachan, l'armée de l'Assemblée ayant établi près du chemin de fer de Sceaux des batteries de 12 qui rendaient la situation intolérable.

La matinée du lendemain fut calme. Des omnibus chargés de femmes et portant des provisions sur le marchepied ne cessèrent de gravir le chemin de Montrouge, indiquant la ferme intention des assiégés de se maintenir sur ce point.

A midi, les 74e, 81e, 108e et 109e bataillons tentèrent une reconnaissance par la porte Maillot et celle de Sablonville. Ayant opéré leur jonction dans l'avenue de l'ex-impératrice, ils continuèrent d'avancer et se firent surprendre par une fusillade terrible, partie des bords du lac. Les fédérés ripostèrent et ne se replièrent sur Neuilly que vers les cinq heures, ayant perdu un nombre considérable d'officiers. Tout le courage qu'ils déployèrent dans cette circonstance n'ôte rien de son ineptie à cette opération, qui risquait la vie d'un grand nombre d'hommes sans pouvoir donner de résultats sérieux.

La journée du lendemain, mardi 16, ne fut marquée que par un combat d'artillerie sur toute la ligne. Sur la rive gauche, Montrouge demeura silencieux. Mais le fort de Bicêtre et la redoute des Hautes-Bruyères tirèrent sans relâche pour interrompre les travaux de terrassement que l'armée régulière exécutait à Bagneux et à Fontenay-aux-Roses. La batterie de Montmartre reprit son tir sur la rive droite, mais sans résultats bien appréciables. A Billancourt, les soldats de Versailles gagnèrent un peu de terrain.

Les opérations du 17 ne furent pas plus intéressantes. Le fort d'Issy commença de tirer sur les bastions, ce qui ne permit plus aux rédacteurs du *Vengeur* de continuer la plaisanterie qui consistait à affirmer tous les jours que les fédérés l'avaient repris. C'est le fort de Vanves qui hérita de cette facétie quotidienne. C'est à faire penser à cette théorie astronomique qui consiste à expliquer l'éternité des faits par le temps que met la lumière à parvenir d'un astre à un autre. Il est clair, en effet, que si les habitants de Jupiter ont des instruments assez forts pour contempler nos faits et gestes, ils doivent assister à peu près, en ce moment, au sacrifice d'Abraham. Grâce à la rédaction du *Vengeur*, Paris jouissait d'un phénomène analogue. Si cette feuille eût existé de tout temps, il est des quartiers qui en seraient encore au siége de Paris par Henri IV, et affirmeraient que le huguenot n'entrera pas.

CHAPITRE XXXVIII.

LES REVENANTS.

Ceux qui se demandent ce qu'était devenu Lullier pendant cette période ont deviné bien vite qu'il était incarcéré. Mais ils ont deviné aussi qu'il s'échapperait une fois de plus. C'est le 15 mai qu'il effectua sa sixième évasion, et, fidèle à ses habitudes de loyauté, il mit de suite le public en garde en le prévenant qu'il était lâché. Je transcris sans commentaire la lettre qu'il adressa ce jour-là au *Rappel* :

« Je viens de m'évader de la prison de Mazas où j'avais été incarcéré, après deux jours de séjour à la préfecture de police. Voici à quel propos : Mercredi, j'apprends qu'à une réunion publique tenue à l'église Saint-Eustache, on m'accusait d'avoir été cause de la chute du fort d'Issy, bien que depuis six semaines je n'aie aucun commandement dans la garde nationale : c'est renouvelé du reproche qui m'a été adressé au sujet du mont Valérien. Si le fort de Vanves tombe, on dira très-sûrement encore que c'est la faute à Lullier, qui n'a pas voulu s'entendre avec la Commune.

« J'allais donc pour répondre quand deux mouchards apostés ont introduit un piquet de trente gardes nationaux pour m'arrêter. Le président a laissé violer l'enceinte par la force armée, après m'avoir donné sa parole. *Voilà où en sont la liberté de la parole et le droit de réunion!* Que les *bons citoyens* (*tu quoque, Charles Lullier!*) jugent et apprécient. »

Ce petit chef-d'œuvre ne fut égalé que par la lettre adressée au *Mot d'ordre* le lendemain par un autre revenant, le général Cluseret. On y retrouve, dans toute sa fraîcheur, la désinvolture qui avait toujours caractérisé les documents émanant de sa plume. On se rappelle que, dans les circonstances les plus critiques, il trouvait le temps de traiter les questions d'uniforme. La prison ne l'avait pas changé. Il juge la situation avec une légèreté de cœur parfaite. Elle lui paraît moins bonne que lorsqu'il l'avait laissée, et il attribue cela naturellement à l'inexécution de ses plans. « *Il ne fallait que vingt-quatre heures* pour que la situation fût sauvée. » Il y a d'ailleurs d'incontestables vérités dans cette épître, dont j'extrais les lignes suivantes :

« Maintenant nous avons à subir un siége en règle. Aux travaux d'approche il faut opposer des travaux de contre-approche, si vous ne voulez pas vous éveiller, un de ces matins, avec l'ennemi dans Paris. Aux batteries il faut opposer des batteries; à la terre, de la terre.

« En un mot, faire la guerre de position. Opposer des poitrines d'homme à des projectiles est simplement insensé. — C'est du *métier*, rien que du *métier*, toujours du *métier* qu'ils font. C'est de l'action qu'il faut et de la science. »

Mais à qui pouvait profiter cette petite leçon, un peu prétentieuse d'ailleurs? — à M. Delescluze, qui, lui, n'avait pas même le *métier?* Car enfin, elle était raisonnable, l'idée qui consistait à utiliser le triangle formé par la place du Roi-de-Rome, celle d'Eylau et la barrière de l'Étoile, pour en faire une place d'armes. C'était beaucoup mieux que le plan du cordonnier Gaillard. Le côté caractéristique du rôle de Cluseret dans toute cette affaire fut sa parfaite impassibilité. Jamais il n'avait paru se bercer d'illusions sur la valeur de la défense; il causait volontiers de ses côtés défectueux qu'il voyait à merveille, ayant réellement de l'intelligence et une espèce de pratique militaire.

Bergeret aussi était ressuscité, Bergeret *lui-même* qui n'avait ni l'une ni l'autre. Je n'ai jamais compris l'utilité de ce comparse dans les représentations sanglantes qui se donnaient au rempart, la Commune ne manquant pas d'ailleurs d'officiers aussi ignorants, aussi prétentieux et aussi incapables que lui.

De ce nombre étaient assurément les petits messieurs de l'état-major que le Comité fit arrêter chez Peters, où ils rigolaient avec des filles par une nuit assourdissante de canon. La pauvre Mme Flocon, qu'on a si fort plaisantée pour être montée dans les voitures de Louis-Philippe, « parce, disait-elle, elle ne pouvait marcher par les temps de pluie sans se crotter *jusqu'au barbet* », était bien dépassée par ces impudents drôles qui envoyaient à la mort de pauvres diables et se soûlaient dans les cafés. Ceux-là avaient, sans doute, été mis sur le pavé par l'arrêté du maire du 2e arrondissement fermant les maisons de débauche. Ah ! les pauvres sots qui se laissaient commander par de telles canailles et mouraient pour la plus grande paye de pareils histrions!

CHAPITRE XXXIX.

LE SINISTRE DU CHAMP DE MARS.

En octobre dernier, le gouvernement de la Défense nationale avait consacré à la fabrication des cartouches un amas de constructions en planches élevées à l'angle des avenues Rapp et Labourdonnaye.

Le danger d'un établissement de ce genre, à proximité d'un quartier populeux, était évident. Il s'était considérablement accru depuis le 18 mars par l'activité que la Commune avait apportée à renouveler ses munitions. Plus de huit cents ouvrières étaient occupées là, presque tout le jour, à fabriquer des engins où les fulminates étaient employés concurremment avec la poudre ordinaire. Elles venaient de quitter leur tâche le mercredi 17 mai, quand à cinq heures trois quarts une effroyable détonation ébranla le terrain dans un rayon de plus d'un kilomètre, secouant les maisons à briser leurs vitres, renversant les passants, jetant tout autour une indicible épouvante.

A l'explosion succéda une épaisse colonne de fumée qui courut sur toute la ligne des constructions, tandis qu'un crépitement épouvantable en sortait et qu'une pluie de balles inondait tous les terrains voisins. Dans ce tourbillon volaient des flammèches ardentes. On eût dit un immense tison d'où un coup violent faisait jaillir des milliers d'étincelles. A peine entendit-on un seul cri, bien que la terreur en arrachât de tous côtés et que bien des victimes fussent ensevelies sous ces ruines embrasées. Celles qu'on retrouva n'avaient plus forme humaine. Des tronçons de chair pendaient aux arbres et jonchaient le sol. Un boulet avait été tuer des fédérés à l'hôpital du Gros-Caillou. Des boîtes à mitraille avaient frappé des infirmiers et des malades à l'hôpital militaire. Dans les maisons voisines, on comptait bien des morts et bien des blessés. L'ambulance américaine des Champs-Élysées reçut le plus grand nombre. Ce fut une procession funèbre de brancards et de civières où plusieurs corps étaient parfois couchés. L'incendie dura jusqu'à huit heures.

Quatre heures après, le Comité de salut public faisait placarder dans tout Paris l'affiche suivante :

« Le gouvernement de Versailles vient de se souiller d'un nouveau crime, le plus épouvantable et le plus lâche de tous : ses agents ont mis le feu à la cartoucherie de l'avenue Rapp et provoqué une explosion effroyable. On évalue à une centaine le nombre des victimes. Des femmes, un enfant à la mamelle ont été mis en lambeaux. Quatre des coupables sont entre les mains de la sûreté générale. »

Rien n'y manquait : l'*enfant à la mamelle,* les *coupables arrêtés,* etc. Tout le pathétique et toute l'autorité des *clichés* administratifs et judiciaires. Jusqu'à plus ample preuve, Paris douta cependant, croyant plutôt à quelque imprudence, d'autant plus que le jour même, sur un autre point, un malheureux qui travaillait à inventer de nouveaux moyens de destruction, pour le compte de la Commune, avait été tué par un accident analogue. Ces nouveaux engins étaient ce que M. Paschal Grousset appelait élégamment *les forces terribles mises par la science au service de la Révolution.* Leur usage, odieux de la part d'assiégeants, est profondément inepte de la part d'assiégés, car, amenant de la part de l'attaque des représailles de la même nature, ils compromettent bien autrement une ville bâtie qu'un camp dressé en plein champ.

C'est à propos de l'application de la convention de Genève aux événements actuels que le citoyen Grousset parla de ces ressources nouvelles. Il déclara par la même occasion que cette convention n'avait jamais eu pour but que d'assurer la *neutralité* (sic) des bâtiments. Voici les hommes intéressés à la *neutralité* des pierres dans leurs querelles ! Quel singulier ministre des affaires étrangères la Commune s'était donné là !

Le lendemain les journaux dévoués donnèrent des détails sur les criminels auteurs de l'explosion, affirmant qu'ils avaient été jugés dans la nuit et seraient exécutés dans les vingt-quatre heures. Le *Réveil* insinua que c'était un complot polonais. Franchement si les Polonais avaient eu l'intention de renverser la Commune, ils avaient beau jeu, puisqu'on leur avait confié toutes les armées, sans recourir à des moyens aussi détournés. Franchement aussi il était curieux que des conspirateurs se fussent mis à quatre pour allumer une poudrière et fussent demeurés tous présents à une opération dont ils ne pouvaient ignorer le danger, car ces malheureux avaient été arrêtés sur l'heure et sur les lieux.

Pendant qu'une bonne partie des munitions de la Commune brûlait au champ de Mars, le reste de son sens commun s'en allait en fumée à l'hôtel de ville. La séance du mercredi 17 mai fut consacrée aux propositions terroristes des citoyens Urbain et Miot, qui réclamèrent l'application immédiate du décret sur les otages. Cette fois le citoyen Raoul Rigault ne laissa pas passer l'occasion d'installer au plus tôt son petit tribunal révolutionnaire. Il voulait même que le nouveau jury d'accusation, institué pour les délits politiques, pût prononcer des peines contre les prévenus *immédiatement après avoir statué sur leur culpabilité,* et que *l'arrêt fût exécuté dans les vingt-quatre heures.* Cette façon rapide de procéder eût amené, de la part du citoyen Grousset, l'invention de *nouvelles forces* à mettre au service de la Révolution, la guillotine ayant été imprudemment brûlée ce jour-là. Il appuya cependant le projet. Mais tout ce que put obtenir le citoyen Rigault ce fut la convocation, sous sa présidence, d'un jury ayant à statuer sur le maintien de la captivité des hommes retenus depuis longtemps comme *otages*. La question était de décider s'ils avaient ou non droit à cette qualité. Quant aux avantages attachés à cette fonction, ils se bornaient à faire partie du groupe dans lequel se tireraient au sort les condamnés à chaque représaille; car c'est ainsi que le sieur Rigault, bon disciple de Panurge, entendait rendre justice *suyvant le sort des dés*. C'est ce qu'il appela dans son discours d'ouverture, prononcé deux jours après, *installer les assises révolutionnaires*. Les jurés, au nombre de douze, étaient, bien entendu, élus par la garde nationale, ce qui assurait l'action du *Comité central* dans ce nouvel ordre de faits. Les premiers prévenus furent d'anciens sergents de ville pris le 18 mars. Les pauvres diables se défendirent à peu près tous de la même manière, également dénuée d'invention et de dignité, en assurant qu'ils ignoraient où on les envoyait et que, s'ils l'avaient su, ils seraient restés chez eux. Anciens soldats de l'Empire, presque tous furent promus du coup au grade d'otages de la Commune.

CHAPITRE XL.

PROMENADE.

Jamais spectacle ne fut plus digne d'être fui.

La journée du samedi 20 mai s'annonçant par un soleil magnifique, je quittai Paris de bonne heure, résolu de chercher dans la campagne quelque point élevé d'où je pusse dominer l'immense bataille. La ligne du nord étant la seule ouverte, la foule s'y pressait sous le regard méfiant des *pantouflards*. On leur avait adjoint depuis deux jours des mégères, sorte de *pantouflards* femelles, qui visitaient les femmes au départ. La plupart de ces dernières n'avaient que le mince bagage des voyageuses de banlieue, allant au plus loin à Saint-Denis ou Enghien, promener sous les yeux des Prussiens leurs charmes proscrits sur les boulevards, le hasard pour cicerone et la faim pour excuse.

Il était neuf heures quand je parvins sur la butte d'Orgemont, ce monticule si fatal à la défense pendant le premier siége, et où l'ennemi a conservé un observatoire. Le point de vue en est de tous côtés admirable, embrassant dans son ensemble la grande cité et tous les environs de la rive droite, depuis Argenteuil jusqu'à Saint-Denis. Ce panorama est aussi profond qu'étendu, car dès que le brouillard se fut un peu dissipé, j'aperçus très-distinctement avec une lunette les petits nuages qui le remplaçaient par endroits, et indiquaient les combats de la rive gauche. On s'y pouvait donc rendre un compte très-exact des opérations de l'artillerie pendant la journée. Le vent étant nul, les sons arrivaient à l'oreille avec l'intensité respective que leur donne la distance, et auraient pu servir à la calculer. Jamais atmosphère plus calme ne transmit les impressions avec une fidélité plus grande dans l'interprétation des réalités physiques.

Le mont Valérien s'entendait à peine, mais une buée intermittente ne cessa de tacher le ciel devant lui. On eût dit le souffle d'un animal couché. L'énorme bête haleta tout le jour. A droite de l'arc de triomphe, on eût dit qu'un autre monstre, caché derrière les maisons et les avenues, suivait sympathiquement sa respiration. Ainsi deux chiens qui se flairent à distance. C'étaient ses projectiles qui éclataient aux environs de la porte Maillot.

Au-dessous, à gauche, les travaux de l'ancienne redoute de Montretout apparaissaient comme une ligne jaune dans le fouillis terne du paysage. C'est plus bas encore qu'une épaisse vapeur, occupant une ligne de largeur à peu près égale, indiquait par instants les décharges des nouvelles batteries de l'armée régulière. Elles n'avaient pas lieu d'une façon continue, mais paraissaient provenir de toutes les pièces à la fois, tant le nuage était dense et étendu. Muettes dans la matinée, ces batteries donnèrent à plusieurs reprises dans l'après-midi. Elles battaient le Point-du-Jour, d'où par un singulier phénomène d'optique l'explosion de leurs projectiles était plus distinctement perceptible que le bruit de leur propre feu. L'ouïe, mieux que la vue, pouvait suivre leur œuvre. Encore ce travail était-il bien incertain, d'autres canonnades troublant l'air sur d'autres points.

En avançant vers la gauche où le clocher aigu de Saint-Cloud apparaissait comme une pointe blanche, on rencontrait vite l'amoncellement de maisons où se confondaient, dans les incertitudes de la profondeur et les insuffisances du relief, les Ternes, Levallois, Asnières, toits rouges et toits bleus au-dessus desquels flottait un brouillard obstiné. Un léger crépitement en venait au moindre souffle de vent. On s'y fusillait sans relâche. Vers deux heures, les mitrailleuses y firent entendre ce bruit caractéristique que je ne saurais comparer qu'à l'effort d'une basse-taille qui essaye une roulade pour assurer sa voix. La sinistre chanson! c'était là le vaste champ où pleuvaient les projectiles des deux armées, impossibles à distinguer dans la confusion des plans. Parfois ils éclataient en l'air, laissant dans l'atmosphère de petites bulles de fumée qui s'y promenaient longtemps, se déformant peu à peu suivant des caprices inconnus.

Derrière ces malheureux villages, le canon des remparts entretenait un feu irrégulier, mais continuel. Les pièces de calibres inégaux tonnaient avec des sons différents auxquels l'oreille s'habituait, reconnaissant bientôt chaque point de l'enceinte, à la façon dont il était armé. Les plus bruyantes étaient à la porte Saint-Ouen et celles de la butte Montmartre. Ces dernières s'obstinaient à viser la redoute de Gennevilliers, que la Seine seule et la différence d'élévation séparent du pied de la butte d'Orgemont. Il était donc aisé de constater, du lieu où je me trouvais, combien le tir des fédérés était inefficace sur ce point. Leurs obus tombaient invariablement à cent mètres en arrière, sur la route de Versailles ou dans une plaine où ils soulevaient des gerbes poudreuses de terre jaunâtre. On ne pouvait perdre mieux son temps, d'autant que la redoute était à peine occupée. Un officier prussien, qui suivait leur œuvre avec une lorgnette, se livrait, à chaque coup, à une hilarité qui me faisait mal. Je l'entendis, un peu plus tard, louer beaucoup, au point de vue militaire, la façon dont le siége était mené par l'armée de Versailles. Éclats de rire et éloges également tristes! Ce sera la honte éternelle des hommes du 18 mars d'avoir attiré l'un et l'autre sur la patrie.

Le premier plan était occupé par ces combats faciles à suivre, en somme, et parfaitement distincts. Ceux qui se passaient sur la rive gauche étaient perceptibles aussi, même à travers le brouillard de l'éloignement. Dans cet effet de paysage marin que produisent toujours à l'horizon les panoramas très-étendus, des fumées blanches apparaissaient comme des voiles au-dessus de Meudon d'abord, puis, plus à gauche, dans la direction de Montrouge. Des caprices pareils à ceux du vent les balançaient. Ce carnage lointain semblait une mer calme.

A gauche, étrange contraste, des colonnes de fumée s'élevaient aussi des hautes cheminées ouvrières, celle-là noire et montant en spirales. On travaillait tout autour de Saint-Denis, sous l'œil des Prussiens qui depuis trois jours s'y massaient en grand nombre, dans un but inconnu. Quand la nuit vint, partout où les vapeurs de la poudre avaient plané, des gerbes de feu perçaient l'ombre. Le mont Valérien respirait en jets de flamme. Les blanches clartés de la lune à son premier quartier se faisaient rousses en touchant la terre. Le mouvement du matin se reproduisit aux trains du soir. Les jeunes femmes y abondaient encore, portant de grandes brassées de lilas et de faux ébéniers. — C'est que, si c'était la guerre, c'était aussi le printemps !

CHAPITRE XLI.

UNE SÉANCE DE LA COUR MARTIALE.

Comme nous sommes entrés à l'hôtel de ville pendant deux réunions de la Commune, pénétrons à la cour martiale pendant une audience. Je choisis celle du 17 mai, présidée par le colonel Gois, où se jugea l'affaire du commandant Daviau, accusé d'avoir abandonné le village d'Issy, pendant le combat du 12. C'était, comme on sait, une des plus chaudes journées de la campagne. L'auditoire, composé, en grande partie, de gardes appartenant au 115e bataillon dont le citoyen Daviau était responsable, prit d'abord, par ses interruptions, une part si active aux débats, que le président fut obligé de menacer les réclamants d'une condamnation immédiate. Il obtint ainsi quelque silence, pendant lequel il fut établi que l'inculpé avait fait baisser les ponts-levis de la porte de Versailles sans ordre supérieur.

Le premier témoin fut un commandant de légion

dont la déposition fut formellement démentie par l'accusé. Le second fut un officier d'état-major qui déclara n'avoir pas assisté à l'affaire parce qu'il était allé se faire habiller, ce jour-là, chez Godillot; et avait trouvé les troupes en déroute quand il revint.

Le président. Ainsi vous alliez vous faire habiller chez Godillot pendant qu'on se battait?

Le témoin. Mais quand je suis parti on ne se battait pas.

Le président. Singuliers officiers d'état-major, en vérité, qui vont se faire habiller pendant que de pauvres *bougres* se font tuer. Asseyez-vous.

Les témoins qui suivirent établirent, le plus clairement du monde, que les gardes du 115e avaient absolument abusé de la naïveté de leur commandant. Ayant beaucoup souffert de la fusillade, ils s'étaient massés autour de la porte de Versailles et demandèrent que le pont-levis fût abaissé, afin que les voitures d'ambulance pleines de morts et de blessés pussent passer. L'ayant obtenu, ils avaient emboîté le pas derrière les sinistres fourgons et étaient rentrés dans Paris malgré leurs chefs, criant qu'on voulait les faire tuer sans raison. Le malheureux Daviau s'était inutilement opposé à leur fuite. Ils l'avaient menacé de le fusiller. Renonçant à les ramener, il avait averti le commandant du 167e bataillon que la porte allait être abandonnée, s'il ne l'occupait.

Le président. Il me semble que de cet ordre il résulte que le lieutenant-colonel Daviau voulait se ménager une porte pour *se tirer des pattes* (sic).

D'autres témoins, que cette remarque, aussi bienveillante qu'agréablement rédigée, ne découragea pas, apprirent à la cour que le 231e bataillon avait refusé de marcher, que le 59e s'était enfui peu de jours auparavant, et que le 115e, après avoir tenu plus longtemps qu'aucun autre, s'était débandé, malgré les efforts de son commandant.

Une voix dans l'auditoire. C'est vrai.

Le président manda à la barre l'auteur de cette interruption malavisée, fit délibérer la cour, sans interroger le prévenu, et le condamna à un an de prison, avant que le malheureux ait eu le temps de se rendre bien compte de son crime. On l'emmena ébahi jusqu'au mutisme.

Après quoi le commandant Daviau se vit infliger quinze ans de réclusion.

Rien ne manqua à cette affaire : ni l'atroce parti pris des juges décidés à *faire des exemples,* ni les détails curieux sur l'indiscipline qui paralysait le courage parfois réel des fédérés, ni les protestations du public que ces rigueurs révoltaient, mais qui se sentait impuissant. Et notez que ces hommes, ayant en somme affaire aux leurs, dans les procès de ce genre, croyaient absolument rendre justice.

CHAPITRE XLII.

L'HEURE SÉRIEUSE.

(18 mai — 21 mai.)

Le temps n'était plus cependant de jouer aux militaires ni aux magistrats. On le sentit tout à coup par un de ces soubresauts violents qui sont comme des réveils, et le sérieux de M. Delescluze lui-même passa soudain dans tous les cerveaux. Bien que les bulletins officiels, toujours en retard de deux jours et rarement datés, annonçassent invariablement de *bonnes matinées*, de *bonnes journées*, des *nuits calmes*, des *reconnaissances hardies*, des *attaques repoussées*, des *batteries démontées*, tout le catalogue des journaux de siége à l'usage des assiégés inquiets, on entendait plus proche le canon de l'armée régulière, on apprenait les progrès de ses travaux d'investissement, on savait que, depuis Asnières jusqu'à Montrouge, sur une étendue de près de trois lieues, à moins de cent mètres des remparts sur certains points, l'attaque était menaçante. Trois portes avaient leurs ponts-levis brisés, une large brèche était ouverte au *Point-du-Jour*. La sinistre prédiction de Cluseret sonnait aux oreilles : *on se réveillera avec l'ennemi dans Paris*.

Une alliance plus étroite en résulta immédiatement entre les pouvoirs qui s'étaient échelonnés depuis deux mois, se superposant sans se supprimer, à la façon de l'échelle de Jacob : *Commune*, *Comité de salut public*, *Commission de la guerre*, *Comité de la fédération*, cases où s'intercalaient les ambitions nouvelles, où les personnalités mécontentes travaillaient du coude pour agrandir leur sphère et élargir leur centre d'action. On se sentit solidaires dans l'aventure du 18 mars, solidaires et également menacés. Pendant que les délégués du *Comité central* se partageaient une fois de plus l'administration de la garde nationale, le *Comité de salut public* lui adressait, le 18 mai, ces encouragements fiévreux :

« Nous réaliserons le sublime programme tracé par nos pères en 92. L'ordre dans la République, la liberté, l'égalité, la fraternité ne demeureront pas lettre morte. La lutte soutenue depuis quatre-vingts ans contre le vieux monde va toucher à son dénoûment.

« Si vous remplissez vos devoirs, il n'est pas douteux : c'est Paris triomphant, ce sont les villes qui suivent votre exemple, ce sont les campagnes élevées à la notion de leurs droits, c'est la République devenue inébranlable et affranchissant le peuple de l'ignorance et de la misère, c'est une ère nouvelle ouverte à tous les progrès! »

Certes un tel programme était fait pour tenter les crédules et, pour qu'il y eût toujours des crédules, un dernier coup fut porté à la liberté de la presse. Ces messieurs promettaient la lumière, mais il fallait y marcher à tâtons. Les derniers journaux existants furent supprimés. La *Commune* elle-même et (*pro pudor!*) la *Revue des Deux Mondes!* Le recueil de M. Buloz devenu incendiaire, c'était une imagination vraiment plaisante! Le vin de Champagne et l'opium étaient agréablement confondus dans cette ordonnance *in extremis*. Les infortunés qui auraient pu se consoler des insanités littéraires de l'administration en lisant les sublimes paysanneries de George Sand, durent en prendre leur parti. Il fut même décidé qu'aucun journal nouveau ne paraîtrait plus. On avait tant abusé des changements de titres! Le courageux Vrignault avait ressuscité trois fois la même feuille sous des noms différents.

Ce n'est pas tout. On affirma une des mesures les plus révoltantes que l'Empire ait maintenues : la responsabilité de l'imprimeur, cette complicité fictive et absurde de l'ouvrier dans les fautes du penseur. Et puis, comme il est aussi impossible à l'homme de faire une chose complétement insensée qu'une chose absolument raisonnable, il fut décidé que tous les articles seraient signés dorénavant. Cette préoccupation de moralité littéraire valait assurément mieux que la réminiscence du règne de saint Louis, qui consista à interdire, le même jour, les promenades publiques aux femmes légères. La Restauration avait eu déjà cette excellente idée, qui inonda les librairies clandestines de réclamations obscènes et fonda une véritable bibliothèque pornographique. Ce que peuvent avoir de louable de telles intentions ne comporte pas la dose de ridicule qui en est la suite. On ne réforme pas les mœurs par des arrêtés de police, pas plus qu'on ne guérit la rage en inventant des muselières. Tant qu'on ne rendra pas la vertu aimable, on n'aura rien fait contre le vice. Or rien de moins aimable que l'austérité de la Commune, austérité subite, imposée par le besoin de donner un très-noble mobile à de très-vilaines actions, procédé de popularité facile et qui s'appellerait en botanique *hypocrisie vulgaris de Linné.*

Ce fut assurément une chose bien faite que de chasser du restaurant Peters les godelureaux de l'état-major qui s'y grisaient pendant la bataille. Mais les envoyer, comme on le fit, à la tranchée, séance tenante, une pioche au dos, était une petite comédie faite pour donner aux soldats le plus profond mépris de leurs officiers. Il y en avait cependant de très-braves parmi les chefs de cette armée improvisée; témoin le commandant d'une batterie de la porte Saint-Ouen qui pointait toujours une pièce lui-même, et ne se retira que les deux jambes emportées, admirable martyr d'une détestable cause, victime de l'instinct d'obéissance passive qui est la forme la plus noble de l'inintelligence. Il en est mort beaucoup de ceux-là, dont une balle prussienne aurait dû avoir pitié en leur brisant le front, six mois plus tôt. Ceux que je plains seulement dans cette horrible lutte, ce sont les bien intentionnés, quoiqu'à vrai dire ils fissent peu honneur au jugement humain. Mais je ne puis oublier que j'en ai rencontré d'héroïques et qui étaient dignes de mourir pour la patrie.

Au moment de la lutte décisive, sentant le besoin d'affirmer l'unité d'action, condition essentielle de la confiance, le *Comité central*, deux jours après le *Comité de salut public*, adressa à la garde nationale une proclamation d'où j'extrais ces passages :

« Des bruits de dissidence entre la *majorité de la Commune* et le *Comité central* ont été répandus par nos ennemis communs avec une persistance qu'il faut, une fois pour toutes, réduire à néant par une sorte de pacte public.

« Le *Comité central*, préposé par le *Comité de salut public* à l'administration de la guerre, entre en fonctions à partir de ce jour. (*Il n'avait fait que cela.*)

« Lui qui a porté le drapeau de la révolution communale n'a ni changé ni dégénéré (*nous verrons qui avait changé et dégénéré*). Il est à cette heure ce qu'il était hier (*on le voit bien*)...

« Au nom donc de la *Commune* et du *Comité central* qui signent ce pacte de la bonne foi, que les soupçons et la calomnie disparaissent. »

Un seul élément était clairement exclu de cet accord,

la *minorité* de la Commune, les vingt-et-un membres qui s'étaient opposés à la réalisation des mesures terroristes ou avaient voulu les réprimer en leur imposant la responsabilité. Le jeune Paschal Grousset les avait nettement traités de *girondins*. L'Allemand Franckel en fut tout à fait blessé et lui répondit aigrement : « Si vous nous appelez girondins, c'est que vous vous couchez et vous vous levez probablement avec le *Moniteur* de 93 ; c'est assurément ce qui vous empêche de voir la différence entre *ces bourgeois* et nous. »

Le fait est que M. Franckel n'était pas *bourgeois*, pas même bourgeois de Paris, lui qui en était magistrat municipal, pas même *bourgeois* de Bordeaux, comme Vergniaud qu'il avait tort d'insulter, en le comparant à lui.

Un autre membre également exclu de l'accord était le citoyen E. Clément, arrêté quelques jours auparavant et à propos duquel se renouvelait un scandale égal à celui du capucin Panille, en municipalité frère Blanchet. Un rapport de la commission d'enquête venait d'établir que ledit Clément avait autrefois proposé à l'empereur de « *l'instruire de bien grandes choses qui pourraient asseoir sa dynastie sur des bases inébranlables.* » Comme il n'en avait pas fait autant pour la Commune, son arrestation fut maintenue.

Au milieu de cette inquiétude évidente des différents pouvoirs rattachés à l'insurrection du 18 mars, M. Delescluze avait seul contracté une sérénité soudaine, incompréhensible chez lui. C'était à croire que le secret des agitations de sa vie entière était le besoin d'autorité qu'il venait enfin d'assouvir, et qu'il allait chanter le cantique de saint Siméon à la destinée. Ses arrêtés étaient les plus aimables enfantillages du monde. Un jour il recommande aux officiers de la garde nationale de ne plus oublier leur commandement *pour le plaisir de tirer sur les Versaillais* (sic). Le lendemain il détruit l'assimilation entre les grades de l'armée et ceux de l'intendance, et prive celle-ci de galons. Cette dernière question parut à la délégation de la guerre d'une importance si capitale, que le nouvel uniforme des intendants fut réglé séance tenante et se trouve décrit tout au long dans l'*Officiel* du 20 mai. Les distinctions y étaient des étoiles d'argent. L'idée de changer ce corps en constellation était assurément nouvelle. Avant de quitter ce sujet, constatons un trait de courage de M. Varlin, délégué à l'intendance, qui, dans un rapport plein de modération, osa déclarer ses prédécesseurs innocents des accusations de concussion dont ils étaient l'objet. A ce moment de rigueur voulue, de terreur organisée, il y avait un réel mérite à sauver des victimes désignées et impatiemment attendues. Justice doit être rendue à chacun : dans les discussions incohérentes de la Commune, M. Varlin se distingua toujours par un réel souci de l'équité, comme M. Arnould par des sentiments d'humanité incontestables. On peut estimer qu'un point d'honneur mal entendu les retenait seul dans cette détestable compagnie que tant d'autres devaient fausser, sans scrupule, à la première alerte.

Félix Pyat omit complétement de se manifester pendant cette période de déclin. Les promeneurs du quai contemplaient le soir, avec curiosité, les formes indécises que l'ombre promène autour des bateaux de charbon et s'obstinaient à y chercher la silhouette barbue de l'amiral des flottes réunies de Mons et Charleroy; et puis ils crachaient dans l'eau, non pas pour y faire des ronds, mais en pensant à ce grand citoyen.

On ne parlait guère non plus de Paschal Grousset, l'ex-pétulant délégué aux affaires extérieures. Le dégoût d'avoir rencontré des girondins dans la Commune l'avait-il chassé de cette mauvaise société? — Ses fonctions diplomatiques l'avaient-elles attiré hors de Paris? — M. Vitu, dont la tolérance politique est proverbiale, avait-il déjà rouvert ses bras à l'enfant prodigue de l'*Étendard?* Les hypothèses les plus diverses et les plus malveillantes se faisaient sur le compte de ce jeune homme de lettres qui avait été, à la Commune, tout le contraire de M. Varlin et de M. Arnould.

Le décret qui avait fermé les mauvais lieux produisait déjà son effet. Une fille en uniforme de lieutenant d'artillerie était arrêtée, le 19, place Clichy, à trois heures par la foule indignée. Elle avait refusé de se découvrir devant un enterrement. Cette insulte à la mort était invraisemblable de la part d'une femme, les plus misérables puisant, dans la terreur, une sorte de respect pour ce fait mystérieux. Mais celle-là était ivre. Elle montait un cheval dont elle ne voulut jamais descendre et qui la porta jusqu'au poste, assaillie d'injures grossières, cynique et insolente comme Tarpéia.

Des scènes de ce genre ne constituent pas les éléments d'une bien franche gaieté. Paris fut sinistre pendant ces dernières journées, horriblement sinistre, à la fois vide et tumultueux. Les clubs, qui remplaçaient les services religieux dans la plupart des églises, étaient de vraies cohues où le bruit suppléait au nombre. Le premier avait été organisé par des femmes à Saint-Germain-l'Auxerrois. On y chantait, sur les tons les plus faux, la prose de saint Divorce. La citoyenne Paule Menque avait de grands succès oratoires à Saint-Eustache, avec un sermon sur la Commune. Entre ces offices d'un genre nouveau, des fouilles étaient opérées dans tous les coins des sanctuaires, et tous les ossements découverts donnaient lieu, de la part des journaux dévoués, à d'effroyables légendes. On ne peut nier d'ailleurs que la plus grande partie de la ville ne s'intéressât à ces recherches qui, faites avec moins de brutalité et de parti pris, auraient pu avoir un incontestable intérêt historique. Une Commission de *médecins officiels* avait été nommée pour déterminer les dates de ces sépultures. Mais quand on pense à la façon dont était recruté le corps médical de la nouvelle administration, on est peu porté à tenir grand compte de ses avis. C'était cependant une idée philanthropique que celle de l'employer à cette besogne mortuaire plutôt qu'à soigner des vivants. Mais rien n'a jamais autant rappelé *le grand chapitre provincial des ânes*, tel qu'il est mentionné dans l'immortelle fable du *Baudet et du Roussin*, dans un des prologues du *Pantagruel*.

Aucun quartier n'était plus rudement métamorphosé que ce coin de Paris, cher aux promeneurs, aux noctambules surtout, qui s'accule au faubourg Montmartre et se prolonge jusqu'à la Chaussée-d'Antin. Le *Café de Madrid*, ce berceau de la Commune où l'œil unique du citoyen Andrieu s'était arrêté tant de fois, avec complaisance, sur la bosse du citoyen Vésinier, où le citoyen Grousset avait appris la diplomatie, où tant de fruits verts du journalisme avaient séché, le *Café de Madrid* lui-même avait renié sa fille et s'était fermé. Les estaminets voisins, plus chers à Vénus qu'à Cambrinus, ne pouvant plus recevoir les filles, étaient également désertés des hommes. Leurs propriétaires durent penser, pour la première fois, qu'il y a des gens qui préfèrent le moka à la chicorée, ce que rien ne leur avait révélé jusque-là. Quel trouble dans toutes les idées !

Le dimanche 21, le soleil et le printemps, ces deux endormeurs divins des mortels soucis, traînèrent cependant sur la chaussée poudreuse un certain nombre de promeneurs. Les uns prenaient simplement leur maigre part de la grande fête éternelle qui fait l'air si doux et le ciel si beau à cette époque de l'année. Les autres se rendaient au Cirque des Filles-du-Calvaire, où des sociétés philharmoniques poursuivaient leur œuvre de bienfaisance. Je n'ai pas compris ceux dont la musique ne déchirait pas les nerfs dans de pareils moments.

Un calme relatif régnait donc pendant cet après-midi, calme fait de lassitude et d'un vague espoir de délivrance prochaine ; car ceux mêmes qui avaient le plus souhaité une réforme municipale étaient forcés de s'avouer qu'on leur avait servi tout autre chose, sous le nom mensonger de Commune. Les républicains les plus avérés étaient les plus indignés de tous, soupçonnant dans les événements des deux derniers mois une action bonapartiste et une manœuvre prussienne. Un des derniers défenseurs de la Commune, et le plus spirituel assurément, avait fui devant l'impossibilité de continuer à la défendre avec tout l'esprit du monde. Voltaire lui-même y eût renoncé si son immortel bon sens lui eût permis de le tenter. La cause était donc perdue, et tous ceux dont elle avait compromis l'avenir humaient avec une certaine volupté, dans l'atmosphère tiède de mai, je ne sais quel parfum de vengeance et de liberté tout à la fois.

CHAPITRE XLIII.

SURPRISE. — LA GUERRE DES RUES.

(21 mai — 23 mai.

Du côté de l'enceinte, une certaine mollesse régnait dans la défense. La continuité du feu des assaillants avait produit une sorte d'étourdissement. Les abords du bastion 64 où une brèche était ouverte étaient même abandonnés. C'est un piqueur des ponts et chaussées, M. Ducatel, qui, s'avançant par ce point, un signal blanc à la main, en prévint les avant-postes de l'armée de Versailles. Il était trois heures environ. Une heure après, le général Douay était entré avec quelques troupes de génie, d'artillerie et d'infanterie, trouvant, en effet, la place libre. Derrière lui s'organisa un véritable défilé, lent à cause de l'exiguïté de la brèche, mais continu. Il y avait bien cinq heures qu'il durait quand M. Delescluze osa en démentir la nouvelle en ces termes :

« L'observatoire de l'arc de triomphe nie l'entrée

des Versaillais. Du moins il ne voit rien qui y ressemble. Le commandant Renard de la section vient de quitter mon cabinet, et affirme qu'il n'y a eu qu'une panique et que la porte d'Auteuil n'a pas été forcée, que si *quelques Versaillais* se sont présentés, ils ont été repoussés. J'ai envoyé chercher onze bataillons de renfort par autant d'officiers d'état-major qui ne doivent les quitter qu'après les avoir conduits au poste qu'ils doivent occuper. »

Pour le coup, le général Delescluze était inférieur à Bergeret *lui-même,* qui avait du moins pris la peine de se transporter à Neuilly.

Tandis qu'il rassurait ainsi son monde sur la foi de l'observatoire, les généraux Clinchant et Ladmirault suivaient le général Douay, la position de la Muette était enlevée avant l'aube, tous les bastions, depuis le Point-du-Jour jusqu'à Levallois, tombaient au pouvoir de l'armée régulière, le drapeau tricolore était hissé sur l'arc de triomphe et flottait au Trocadéro.

Il n'y avait plus moyen de feindre de ne s'en pas apercevoir le lendemain matin. Aussi le dernier placard du Comité de salut public fut-il un cri d'alarme. Nous reproduisons cette curieuse pièce affichée sur tous les murs dans la matinée de lundi :

« Que tous les *bons citoyens* se lèvent.

« Aux barricades! l'*ennemi* est dans nos murs.

« Pas d'hésitation.

« En avant pour la République, la Commune et la Liberté!

« Aux armes!

« *Le Comité de salut public,*

« Arnaud, Billioray, Eudes, Gambon, Ranvier. »

Paris, le 22 mai 1871.

Ce fut le chant du cygne communal. On ne l'entendit qu'au cœur de Paris, car la rive droite était occupée par les soldats de l'Assemblée jusqu'à la place de la Concorde, et sur la rive gauche le général de Cissey avait une des ailes de son armée aux Invalides, et l'autre à la gare Montparnasse. Les fédérés ne laissaient pas de les inquiéter, d'un côté par leurs batteries des Tuileries qui rendaient les Champs-Élysées intenables, de l'autre par celles de la rue de Rennes qui balayaient en diagonale le faubourg Saint-Germain. Mais à défaut des grandes avenues, les troupes occupaient fortement toutes les rues latérales.

Le combat fut terrible place de la Concorde. Très-inintelligentes au point de vue d'une défense raisonnée, les barricades du cordonnier Gaillard étaient matériellement *bien établies*. Le canon dut les battre en brèche pendant la nuit entière. Aucun mouvement ne fut fait en avant, d'ailleurs, pendant la nuit du 22 au 23. Les troupes du général de Cissey avaient achevé de border la rive gauche de la Seine jusqu'à la hauteur des Tuileries. Celles du général Clinchant, répandues dans le

8e arrondissement, campaient en partie dans le parc Monceau.

La matinée du 23 fut marquée par une opération qui fit grand honneur à l'armée régulière : ce fut la prise de Montmartre. Cette position constituait, avec celle des buttes Chaumont, deux véritables citadelles où les fédérés, munis d'une artillerie suffisante, pouvaient tenir longtemps, même après la prise de Paris, rendant la ville tout entière inhabitable par leurs projectiles. S'en emparer de suite était une idée plus simple à concevoir qu'à exécuter. La présence des Prussiens à l'est s'opposait à ce qu'on pût opérer à l'arrière des buttes Chaumont. Mais les buttes Montmartre n'étaient gardées à revers que par les batteries de Saint-Ouen. Là, comme partout, les barricades avaient été élevées dans l'hypothèse d'une attaque de front, le général Cluseret n'ayant jamais pu faire comprendre à ses collègues que l'art de la fortification s'élevât plus haut.

Vers sept heures du matin, deux divisions du général Ladmirault tournèrent la position en prenant à revers toutes les portes de Neuilly à Saint-Ouen. Pendant ce temps une division du général Clinchant montait au pas de course la rue d'Amsterdam, tandis que les autres suivaient le boulevard extérieur et les voies qui aboutissent place Blanche. Sous une grêle de balles et à travers des obstacles insuffisants, mais nombreux, la place Clichy fut occupée rapidement par les troupes; les obus les y suivirent, plus funestes aux maisons avoisinantes qu'aux soldats. Le manque de munitions interrompit d'ailleurs rapidement le feu des fédérés.

La place Blanche fut bien autrement dure à occuper. Trois barricades, dont deux coupaient transversalement le boulevard et la troisième fermait la rue, en faisaient une véritable forteresse. Les troupes venues par les rues montantes s'y heurtaient vainement quand un renfort, arrivé de la place Clichy, en longeant les maisons du boulevard, mit le désordre parmi les défenseurs en les attaquant à bout portant. Ceux-ci abandonnèrent subitement la position et gagnèrent les hauteurs par la rue Lepic. Ils y furent rejoints par ceux des barricades de l'avenue de Clichy que l'armée régulière avait enlevées d'assaut. Le tout se massa dans la partie de Montmartre qui couvre le flanc sud de la colline. Mais la troisième division du corps Ladmirault, qui avait suivi extérieurement les remparts de Levallois à Saint-Ouen, arriva juste à point pour les en déloger.

Ce fut une déroute complète. Des torrents humains se précipitèrent par toutes les issues, roulant dans les ruelles tourmentées comme dans des lits pierreux. C'est Belleville qui hérita de cette armée débandée et en partie désarmée.

A six heures le général Ladmirault installait son quartier général à Montmartre. Les pièces d'artillerie y avaient été déjà tournées vers le quartier où vraisemblablement devaient avoir lieu les derniers efforts de la défense. On peut affirmer que, si une opération semblable eût pu être effectuée en même temps aux buttes Chaumont, la résistance eût été bien abrégée. Ce fut un malheur de plus à ajouter aux désastres de l'occupation allemande.

Des combats incessants, obstinés, sanglants, eurent lieu, toute cette journée, aux abords de la Madeleine sur la rive droite, aux abords de l'esplanade des Invalides sur la rive gauche. La canonnade grondait aussi dans la direction d'Ivry et de Bicêtre. Les morts étaient nombreux déjà. On les couchait partout sous les hangars et sous les portes, la face couverte de paille, une étiquette au vêtement. Tout près parfois, les soldats épuisés par deux jours de lutte s'étendaient, semblables à des morts par l'immobilité.

CHAPITRE XLIV.

ÉROSTRATE OU NÉRON.

Une sorte d'apaisement semblait donc descendre, avec la nuit, sur la ville ensanglantée quand une fumée épaisse, asphyxiante, que le vent rabattait sur le sol, envahit les quais à la hauteur de la place de la Concorde. — Un nuage de flammèches larges, légères et pareilles à des papillons noirs la précédait, fuyant vers l'arc de triomphe. Une vapeur rousse flottait au-dessus de la rive gauche de la Seine; une lumière vague pareille s'alluma bientôt, vis-à-vis, sur la rive droite. C'était l'insurrection qui délimitait son propre domaine par un double incendie. La cour des comptes et le ministère des finances brûlaient.

Quel cerveau a pu concevoir ce moyen d'affirmer sa possession par la ruine? — Celui d'un fou rêvant une immortalité de malédictions, ou d'un monstre cherchant un effroyable spectacle? Que ce soit l'un ou l'autre, le but a été atteint, car jamais telle horreur ne fut soulevée dans l'âme humaine ; car jamais rien de plus terrible n'épouvanta les yeux. Au premier abord, le choix des deux bâtiments livrés aux flammes put faire croire à une simple précaution de concussionnaires. Mais, vers minuit, une nouvelle lueur, bientôt plus intense, apparut entre ces deux feux. Les fenêtres des Tuileries s'illuminèrent comme jamais aucune fête ne les avait éclairées. De nouvelles croisées montèrent jusqu'au toit, par où s'échappèrent des jets de fumée rouge. Le vieux palais se consumait au dedans. Des effondrements partiels révélaient d'instant en instant l'incandescence du foyer intérieur. Les murs encore debout se dressaient comme des paravents devant cette effroyable féerie. Avec l'aube, le désastre changea d'aspect, découvrant la carapace de l'édifice zébrée de bandes noires et profondément calcinée, le pavillon de Flore presque intact à l'extrémité de ces débris, et, relique dérisoire, l'horloge encore pendue à sa place et marquant huit heures trente et une minutes! Mais l'aube n'éteignit pas le feu qui s'étendait, rue de Rivoli, jusqu'à l'ancien ministère d'État.

Comment le Louvre fut-il préservé de l'incendie? — On prétendit d'abord que le général Douay l'avait séparé, à coups de canon, du reste des bâtiments. — Aucune brèche n'indique rien de semblable. C'est au courage des pompiers qu'on en doit la conservation. Paris avec le Louvre demeure Paris, — *l'astre des nations,* — comme a dit un grand poëte. Ce que j'en dis n'est pas pour faire bon marché des autres monuments que sacrifia l'aveugle fureur des insurgés.

Car, à mesure que, l'ardeur des troupes étant doublée par l'espoir d'empêcher de nouveaux sinistres, il leur fallait reculer leurs lignes de défense, ils ne cessèrent de les marquer par de nouveaux incendies, allumant quelqu'un de ces phares monstrueux devant la mer houleuse des baïonnettes.

C'est ainsi qu'après les Tuileries, dont ils laissèrent le jardin jonché de leurs morts, ils enflammèrent le Palais-Royal, depuis la place jusqu'à la cour qui précède la galerie d'Orléans. Le Théâtre-Français fut tout naturellement sauvé par l'humidité qu'y laissent les douches littéraires dont il fait usage pour ses habitués depuis quelques années. A quelque chose Manuel est bon.

Un désastre bien autrement irréparable fut celui de l'hôtel de ville. Certes les souvenirs qui se rattachaient à ce beau monument n'avaient rien dont pût s'offenser la pudeur des républicains les plus farouches. Il est possible qu'il y ait des esprits assez paradoxaux pour imaginer qu'il suffit qu'il n'y ait plus de Tuileries pour qu'il cesse d'y avoir des empereurs. Mais l'hôtel de ville était un édifice de mémoire révolutionnaire, s'il en fût. C'était, de plus, un échantillon très-complet de l'architecture à la fois la plus calme et la plus harmonieuse qu'ait eue l'art français.

Ce n'est pas à ce point de vue qu'on peut regretter le Théâtre-Lyrique également livré aux flammes. On ne saurait imaginer une destruction plus stupide que celle-là, puisque le Châtelet suffit à perpétuer le souvenir de l'architecture impériale.

Un bien autre malheur fut le désastre du palais de justice, précieux au même point de vue historique que l'hôtel de ville. Mais la Sainte-Chapelle fut préservée, et cette merveille de l'art gothique suffit aux pèlerinages des curieux et des érudits sur ce point de de Paris.

L'incendie du théâtre de la Porte-Saint-Martin, cette salle du plaisir populaire, peut compter pour une simple ineptie. L'édifice n'avait rien de remarquable et sera facilement rétabli. Mais le vandalisme seul n'inspirait pas ces exécutions, bien qu'aucun de nos monuments n'y eût échappé, si le temps eût été laissé à ces misérables qui avaient préparé la ruine de la Bibliothèque, du Luxembourg, des Archives, de tout ce qui faisait Paris immortellement grand. Un sauvage instinct de destruction s'attaquait à tout ce qui représentait aussi, non pas seulement une richesse nationale, mais une exploitation considérable, un foyer de travail ou de production. C'est ainsi que d'importants magasins furent incendiés rue du Bac, rue du Pont-Neuf, place de la Bastille. Actes cruellement imbéciles, puisqu'ils traduisaient non une passion politique, mais la simple volonté du mal. Le citoyen Grousset avait proclamé cependant la *neutralité* des bâtiments.

Pendant quatre jours, du mercredi 24 au samedi 27, Paris fut enveloppé d'une fumée noire, et éclairé, la nuit, de sinistres lueurs. On pouvait, à la région où se développaient exclusivement les incendies, mesurer le terrain perdu chaque jour par l'insurrection. Les derniers eurent lieu à la Villette et livrèrent aux flammes des approvisionnements considérables en même temps que les tristes mobiliers d'un quartier pauvre et peuplé d'ouvriers; car rien ne fut respecté, pas même la misère.

Les instruments de cette horrible campagne par la torche, à travers la ville sacrée, étaient des enfants et des femmes; l'agent employé fut le pétrole. Ces misérables créatures, que leur faiblesse semblait garder du soupçon, jetaient des mèches enflammées jusque dans les soupiraux des maisons privées. Il fallut exercer une surveillance terrible, même dans les quartiers conquis, où leurs ombres furtives rôdaient encore le long des murs. On les fusillait sans pitié. Je n'aurais pas cru que je pusse jamais penser sans indignation à une telle mort pour des enfants et pour des femmes. — Personne ne les plaignit.

Et pourtant, ce n'est certes pas dans leur intelligence passive, inerte, qu'avait pu germer l'affreux dessein de réduire Paris en cendres. Ces êtres n'étaient que les outils d'une volonté implacable, unique sans doute, d'une vengeance atroce, préméditée assurément. Fanatisés par je ne sais quelle parole, victimes de je ne sais quel mensonge, ils formaient le faisceau d'ouvriers qui travaillent certainement sous l'œil d'un maître, comme cela se prouve à l'unité de la tâche. Que faisaient, dans cette tourbe, le ramassis d'étrangers qui en était devenu l'âme, tous ces proscrits du vice ou de l'impuissance, et tous ces exilés de la grande vie sociale que font les bagnes et les prisons? Outils et matière vile que tout cela. — Mais où était la pensée ?

CHAPITRE XLV.

IN VINO VERITAS.

Voici un fait que je me garderai de commenter, mais que je garantis sur l'honneur :

Le jeudi 25 mai, à quelques lieues de Paris, sous le ciel illuminé d'incendies, des officiers de la garde prussienne, après un dîner prolongé démesurément, burent *à la Commune de Paris*.

CHAPITRE XLVI.

COMBATS ET REPRÉSAILLES.

(24 mai — 28 mai.)

Les journées qui suivirent l'audacieux assaut de Montmartre mirent de plus en plus en évidence la fermeté des troupes de l'Assemblée, qu'égalait seule la volonté désespérée de résistance des derniers défenseurs de la Commune. En voici le bulletin militaire :

Le mercredi 24, première journée des incendies, toutes les barricades de la rive gauche furent prises, sauf celle des Gobelins. Sur la rive droite, les troupes s'avancèrent par les boulevards jusqu'à la Porte-Saint-Denis, après avoir balayé la rue Lafayette, le faubourg Poissonnière et le faubourg Saint-Denis, où se livrèrent de furieux combats. D'autre part, elles tournèrent l'hôtel de ville et en occupèrent les ruines.

Le jeudi 25, elles continuèrent leur marche par le boulevard du Temple et commencèrent l'attaque de la place du Château-d'Eau, qui fut le théâtre d'une terrible bataille. Pendant ce temps, les dernières positions de la rive gauche étaient défendues avec un acharnement tel, que la rue Monge était littéralement encombrée de cadavres. Le soir l'armée régulière avait triomphé sur ces deux points.

Le lendemain les troupes se dirigèrent d'un côté vers la place de la Bastille, en suivant le quai, la rue de Rivoli et la rue Saint-Antoine ; de l'autre, elles s'avancèrent vers les douanes centrales et s'en emparèrent ainsi que du bassin de la Villette. L'artillerie commença de battre la Villette, Belleville et le Père-Lachaise, où les insurgés s'étaient formidablement retranchés. Les nouvelles batteries de Montmartre tirèrent sans relâche sur ces positions. Les pièces installées aux buttes Chaumont tentèrent vainement d'éteindre leur feu. Ce fut un duel d'artillerie formidable et une fusillade continue. Quand vint la nuit, le drapeau tricolore était hissé sur la colonne de Juillet et flottait aussi sur la place du Trône.

Le samedi 27, l'action se concentra dans la portion du faubourg du Temple que bordent la rue Saint-Maur et le canal Saint-Martin. Les insurgés y étaient cernés et s'y défendirent jusqu'à leur dernière cartouche. Vers cinq heures, leurs munitions étant épuisées, le plus grand nombre se rendit et le quartier put être considéré comme complétement au pouvoir de la troupe. C'est là que s'étaient réfugiés tous les soldats transfuges du 18 mars que la gravité particulière de leur situation poussait à une résistance désespérée. C'est à l'obstination de ces malheureux que la lutte dut de se prolonger encore sur des points isolés jusqu'au lendemain 28, qui mit enfin un terme à cette horrible guerre. Le dernier coup de fusil fut tiré à quatre heures.

Cette froide analyse des opérations militaires de ces quatre journées ne donnerait qu'une idée bien incomplète de leur horreur. La plume se refuse cependant à en fouiller tous les sanglants épisodes. Le plus terrible est assurément l'exécution d'une partie des otages, odieux renouveau des massacres de Septembre, dernier attentat de ces monstrueux plagiaires qu'un des leurs appelait ironiquement des *républicains historiques*. L'une des premières victimes fut le courageux Gustave Chaudey, qui avait refusé de fuir, et que l'atroce Rigault fit fusiller, en sa présence, le 23 mai, à onze heures du soir. Il mourut héroïquement en criant une dernière fois : Vive la République ! Les meurtriers, émotion ou cruauté, ne le tuèrent qu'à demi et on dut l'achever à coups de revolver. Il laisse une femme et un enfant, c'est-à-dire les deux seuls êtres qu'aucun souvenir, si glorieux qu'il soit, ne console. Nul, plus que lui, n'a mérité le nom de martyr de la liberté.

Deux jours après, une véritable tuerie était organisée à la prison de la Roquette; car ces misérables traînaient, horrible bétail humain, leurs victimes derrière eux dans les derniers retranchements où les acculait l'armée vengeresse. A l'heure où j'écris ces lignes on ne sait encore tous ceux qui ont ainsi disparu. Beaucoup étaient des prêtres, et parmi eux l'archevêque de Paris et l'abbé Deguerry, c'est-à-dire un prélat essentiellement libéral et un homme connu surtout par sa générosité. Ni l'un ni l'autre n'avait été au-devant de la mort, et ce fut l'acte le plus stupidement cruel qu'on pût rêver, que celui de tuer ces deux vieillards désintéressés de toute passion politique, ennemis de toute persécution, voués tout entiers, l'un à la défense des droits de son clergé, l'autre à des œuvres de bien.

Cette infamie ne fut égalée que par le massacre des dominicains d'Arcueil, que les gardes du 101e bataillon fusillèrent, à bout portant, sur la porte de la prison disciplinaire du secteur des Gobelins, après leur avoir promis la vie sauve.

C'est l'indignation que souleva cette barbarie de la dernière heure qui entraîna la mise à mort immédiate d'une partie des membres de la Commune faits prisonniers, au détriment de l'intérêt historique qu'aurait eu leur procès. Billioray fut le premier pris et le premier fusillé, puis Raoul Rigault dont la mort fut un soulagement pour la conscience publique, puis Millière qui se défendit comme un tigre, puis Vallès qui mourut comme un lâche. J'en passe et des plus mauvais, ne me sentant de pitié que pour Varlin, qui avait toujours protesté contre les mesures violentes du Comité de salut public. On le fusilla sur le tombeau de Clément Thomas, qui n'avait été que bien indirectement sa victime. Sa fin fut moins logique que celle de Delescluze, dont le cadavre fut retrouvé sous une des dernières barricades. Sa mémoire soit maudite! C'était le seul homme qui pût pousser aussi avant, dans ses conséquences odieuses et absurdes, l'œuvre, grotesque au début, sanglant à la fin, du 18 mars.

Nul ne disputera à la justice ceux qui survivent.

Mais il lui reste mieux à faire qu'à venger la vérité sociale méconnue et foulée aux pieds.

Il lui reste à établir la vérité historique sur les mobiles véritables de cette formidable insurrection. De tels faits ne s'expliquent pas par de simples raisons d'insanité. La folie humaine peut être un moteur accidentel, mais non pas une cause continue. Égarement des uns, fureur stupide des autres, réveil de la brute dans l'homme, effets que tout cela.—Mais la cause? — Assassins, incendiaires, instruments que tout cela. — Mais la pensée? Qu'on anéantisse l'effet et qu'on brise l'instrument. — Cela est fait. — Maintenant qu'on cherche la cause et qu'on analyse la pensée. Cela est à faire. Qui sait à qui remonte la responsabilité de ces crimes odieux? — Que le droit, qui vient de vaincre par la force, s'affirme par la lumière.

CHAPITRE XLVII.

L'AME DES RUINES.

Sunt lacrymæ rerum.

On a parlé souvent de la beauté étrange et fugitive dont la mort revêt les visages qu'elle vient de pâlir. Cette beauté est comme le baiser d'adieu de l'âme qui s'envole, et l'admiration qu'elle impose a quelque chose de sacré qui courbe les fronts et plie les genoux.

Je ne sais comment un sentiment semblable m'est venu, en parcourant hier soir les rues désolées de Paris, à travers les ruines de ses plus beaux monuments. Dans l'air discrètement lumineux de la nuit très-claire, elles apparaissaient avec la netteté rigide des formes encore vivantes tout à l'heure.

Les grandes ombres des parties demeurées debout baignaient les décombres épars sur le sol et voilaient leur pied comme d'un vêtement funèbre. Un souvenir, implacablement exact, parce qu'il était récent, restituait les parties disparues et rendait au tout l'existence factice de l'illusion. Les dernières vapeurs de l'incendie erraient encore sur ces débris, comme un souffle prêt à les quitter. Ces nobles cadavres étaient ce qui fut l'honneur de la grande ville et n'étaient pas encore froids.

L'aspect de l'hôtel de ville était très-particulier. La sérénité ne lui était pas encore venue, et je ne sais quoi de tourmenté lui donnait des impressions d'agonie. On y sentait le délire de la dernière pensée qui l'avait habité. C'est là que ces fous avaient bâti leur monstrueuse chimère; car l'esprit de l'homme est dans toutes les choses, et leur caractère n'en est que le reflet.

Certes, ceux qui avaient édifié ce beau monument, si calme dans son élégante architecture, y avaient laissé le meilleur de leur rêve d'artiste. Trois siècles avaient vécu de cet héritage intellectuel. Les misérables qui viennent de l'anéantir y ont empreint aussi l'effort le plus douloureux de leur fièvre. Eh bien, je voudrais que, trois siècles durant, ces ruines demeurassent debout, respectées à l'égal des plus admirables chefs-d'œuvre, impitoyablement dressées devant la folie des utopistes et des vandales, témoignage d'une œuvre maudite, portant les noms détestés de leurs derniers hôtes à la postérité vengeresse!

Et ceci n'est pas une fantaisie. C'était vraiment une belle chose que ce palais d'une structure plus harmonieuse que puissante, masse de pierre ingénieusement ciselée comme un coffret vénitien, d'une forme très-élémentaire, que l'agrément des détails rendait intéressante. Il abritait un des plus beaux morceaux de la peinture française, le plafond d'Hercule, de Delacroix, et renfermait mille curiosités de grand prix à jamais perdues.

J'ose le dire pourtant : jamais l'hôtel de ville n'a été aussi vraiment beau qu'aujourd'hui. La mort est parfois une ouvrière de génie. En bouleversant ce tranquille édifice, elle a fait jaillir de sa monotone régularité des fragments de sculpture d'une incomparable grandeur. On dirait une ébauche de Michel-Ange jetée sur un marbre antique. C'est la mer furieuse après la mer calme. Le ton de la pierre elle-même s'est transformé. La calcination lui a donné, vers les sommets, une sorte de matité que je ne saurais comparer qu'à la pâleur des faces féminines.

C'est horrible et c'est superbe; et quand, tout autour, les maisons rapidement reconstruites auront rendu à la chère cité sa physionomie de sérénité et de richesse, ce serait assurément un spectacle saisissant, comme une leçon éternelle, que ce vieux monument à demi détruit, silencieux comme une ombre et fantastique comme un spectre, accroupi dans une méditation sans fin. Et, de plus, ce serait justice que, là où la Commune de 1871 a tenté son œuvre, une ruine demeurât toujours debout.

J'ai cru l'entendre gémir dans la nuit, cette ruine encore croûlante. Elle disait : Je suis la République qu'ils ont trahie, la Patrie qu'il ont ensanglantée, la Loi qu'ils ont foulée aux pieds. Et pourtant, quand j'entends, si près de moi, le bruit meurtrier des armes justicières, je crie presque : Grâce ! parce que je suis le cœur maternel de Paris.

Les souvenirs du Palais-Royal m'ont laissé froid. Ce ne fut jamais qu'un très-médiocre morceau d'architecture, et la destruction ne l'a pas entamé assez profondément pour le mouvementer. Une large flammèche, pareille à un papillon noir, volait au-dessus, et j'ai pensé à la feuille d'arbre que Camille avait cueillie, par un soir semblable, il y a près d'un siècle, dans le jardin qui est derrière. Est-ce l'ombre de cette feuille qui courait dans l'air ? Cette âme fuyante ne m'a pas parlé.

La bibliothèque du Louvre, incendiée après coup, par un raffinement de vandalisme, ne saurait se comparer qu'à un immense encensoir fumant. Sa coupole, découpée à jour par les caprices du feu, est intérieurement noircie. Des vapeurs chaudes en émanent encore, livrant au vent le reste de ce qui fut un trésor littéraire, mille curiosités bibliographiques, et les deux manuscrits de l'*Histoire des poëtes* de Colletet, qu'Alphonse Lemerre devait publier cette année.

J'arrive aux Tuileries. La flamme, en léchant intérieurement les murailles, en a, pour ainsi dire, vidé l'énorme carapace. On dirait plutôt un squelette qu'une forme récemment animée. Les larges bandes noires, dont la fumée en a zébré les flancs, apparaissent comme des ombres de côtes. Y a-t-il donc si longtemps que cela que la vie a quitté cette ruine? — Je répondrais volontiers : oui! Elle a eu beau abriter beaucoup de berceaux depuis un siècle, la vraie pensée de la France en est absente.

Cette auberge des derniers rois est, depuis longtemps, dépouillée des souvenirs qui sont comme les mobiliers de famille de ces sortes d'édifices. On y trouvait le mouvement, mais non l'âme des foyers. Maintenant c'est un silence qui me paraît convenir beaucoup mieux à ce monument du passé qui ne m'a jamais autant plu que désert.

Celui qui m'eût dit, il y a quelque temps, que le ministère des finances m'inspirerait des rêveries esthétiques, m'eût violemment surpris. C'était un honnête bâtiment, artistiquement comparable à une boîte de bois blanc bien tenue. La destruction vient de lui donner, d'un seul coup, toute la poésie que lui avait refusée la propreté. C'est là un miracle! L'une des extrémités, en s'effondrant, a accumulé des pilastres, des voûtes, des arceaux qui, en se superposant, affectent les plus étranges caprices architecturaux. Cela fait rêver d'une ville entière engloutie par un cataclysme, d'un désastre historique, des jardins de Sémiramis pendus sur les ruines des palais. C'était grand et c'est devenu grandiose, ce qui n'est pas tout un.

Les parties moins dévastées laissent voir, par de larges tranchées, des pans entiers du bâtiment, qui semblent tenir debout beaucoup plus par des raisons morales qu'en vertu des lois de l'équilibre. On pense aux ruches ouvrières récemment ouvertes avec leurs milliers de cellules vides. C'était, en effet, une immense ruche humaine.

Plus loin, on rencontre les débris de la rue Royale. Ceux-là n'ont appartenu à aucun monument. Que d'êtres inconnus pleurent peut-être sur les ruines où tant de souvenirs sacrés sont engloutis! Leur âme, à celles-là, ne s'est pas envolée; elle erre par les rues silencieuses, demandant asile et se lamentant dans le vent du soir.

J'ai dit comment avait été écrit ce livre : au jour le jour, sous mille impressions diverses. Plusieurs des jugements qui y sont portés seront démentis peut-être par une connaissance plus approfondie des faits. Je souscris d'avance à tous les procès en révision qu'il comporte. C'est l'œuvre d'un passant qui regarde de son mieux ce qu'il voit avec les yeux qu'il a, et en tire de très-modestes conclusions le plus honnêtement du monde.

TABLE

Achevé d'imprimer

LE 5 JUIN MIL HUIT CENT SOIXANTE ET ONZE

PAR J. CLAYE

POUR A. LEMERRE, LIBRAIRE

A PARIS

www.ingramcontent.com/pod-product-compliance
Ingram Content Group UK Ltd.
Pitfield, Milton Keynes, MK11 3LW, UK
UKHW031836260826
14628UKWH00001B/418

9 782014 092301